老子的正言若反、莊子的謬悠之說……
《鵝湖民國學案》正以
「非學案的學案」、「無結構的結構」、
「非正常的正常」、「不完整的完整」，
詭譎地展示出他又隱涵又清晰的微意。

曾昭旭教授推薦語

願台灣鵝湖書院諸君子能繼續「承天命，繼道統，立人倫，傳斯文」，綿綿若存，自強不息。蓋地方處士，原來國士無雙；行所無事，天下事，就這樣啓動了。

林安梧教授推薦語

喚醒人心的暖力，煥發人心的暖力，是當前世界的最大關鍵點所在，人類未來是否幸福，人類是否還有生存下去的欲望，最緊要的當務之急，全在喚醒並煥發人心的暖力！

王立新（深圳大學人文學院教授）

人們在徬徨、在躁動、在孤單、也在思考，希望從傳統文化中吸取智慧尋找答案；另一方面是割不斷的古與今，讓我們對傳統文化始終保有情懷與敬意！依然相信儒家仁、愛之說仍有益於當今世界。

王維生（廈門篔簹書院山長）

鵝湖民國學案
呂榮海 賴研 蕭新水 洪文東 周隆亨 潘俊隆 陳蕙娟 陳祖媛等35人 合著
老子的正言若反、莊子的謬悠之說……
《鵝湖民國學案》正以
「非學案的學案」、「無結構的結構」、
「非正常的正常」、「不完整的完整」，
詭譎地展示出他又隱涵又清晰的微意。
——曾昭旭教授推薦語
台灣鵝湖書院
華夏出版

大道無形　生育天地　大道無情　運行日月

太上老君清靜經圖註

清者濁之源　動者靜之基　人能常清靜　天地悉皆歸

葛玄◎筆錄

中華民國戊申年陽月翻板

清靜經圖註

恭請

太上老君寶誥。

二月十五日聖誕

志心皈命禮。

隨方設教。歷劫度人。為皇者師。帝者師。王者師。假名易號。立天之道。地之道。人之道。隱聖顯凡。總千二百之官君。包萬億重之梵炁。化行今古。著道德凡五千言。主握陰陽。命雷霆用九五數。大悲大願。大聖大慈。

太上老君道德天尊。。。

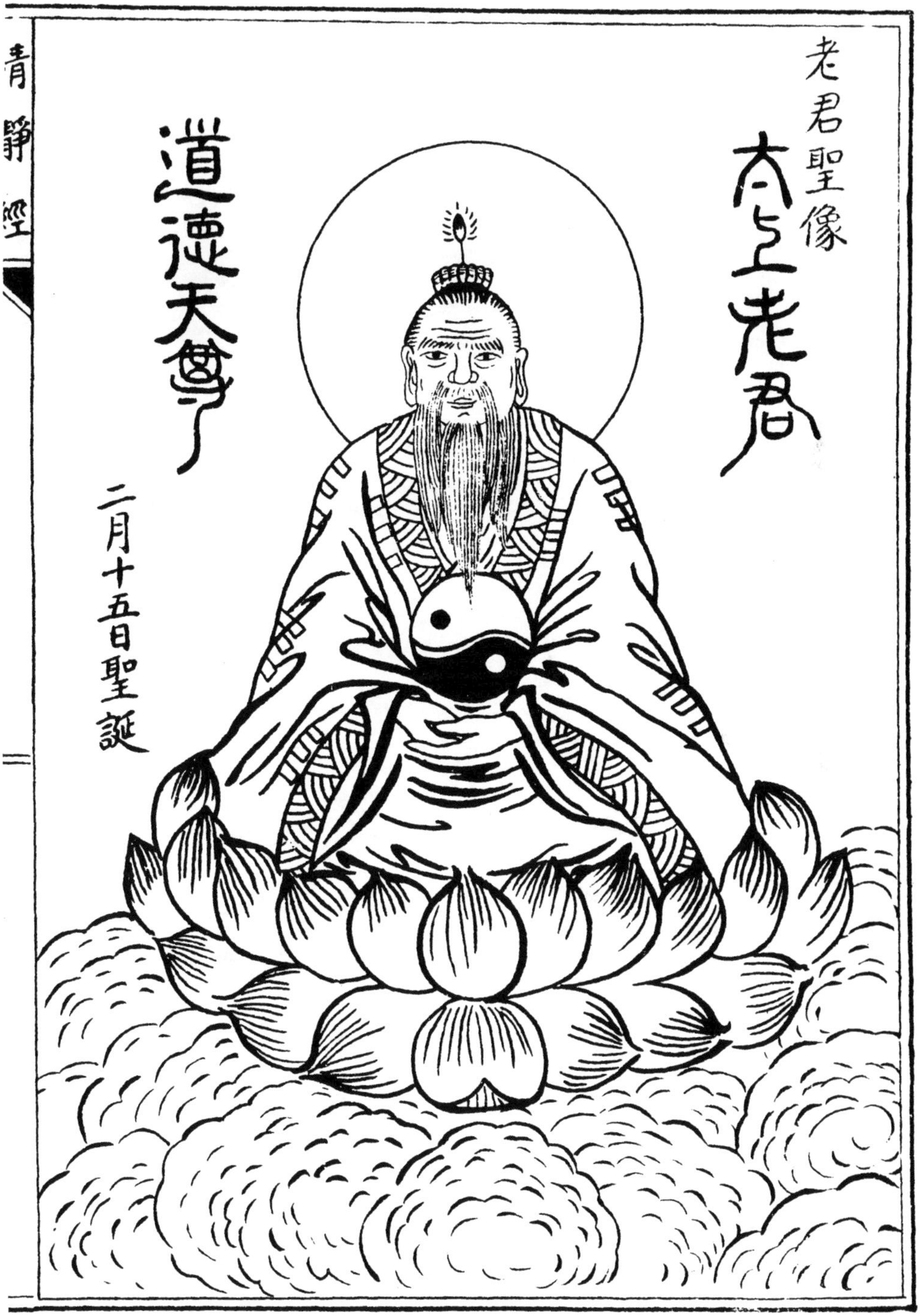
老君聖像
太上老君
道德天尊
二月十五日聖誕

太上功德大寶臺說妙經

清靜經圖註目錄

太上老君清靜經圖註叙

夫鴻濛分判。陰陽始列。輕清上浮者。為天。其質陽也。重濁下凝者。為地。其質陰也。清濁相混者。為人。其質陰陽合並。惟人。稟乾坤而交。以成性。受陰陽而感。以成形。得五行之化育。而五臟。五德。五靈。由斯而全焉。受六合之交感。而六腑。六根。六神。由斯而備焉。列三才之品。為萬物之靈。世間難得者。人也。人生難得者。道也。夫人與天地同才。而不能與天地同長久者。何矣。皆因不知消長之理也。人與佛仙同體。而不能與佛仙同超證者。何矣。皆因不知先天之道也。人與君臣同形。而不能與君臣同富貴者。何矣。皆因不知積德之功也。人與萬物同性。而不能與萬物無傷者。何矣。皆因不知惻隱之心也。然而不知消長之理。先天之道。積德之功。惻隱之心。則天堂路塞。地獄門開也。是故太上道德天尊。廣發慈悲之念。大開方便之門。著清靜之經。演長生之訣。流傳天下。廣佈四海。指開雲路。化醒原來。其經至簡至易。極玄極妙。其句九十有六。正合九六原人之數。以應乾坤之卦也。其字三百九十有四。除開河圖生成之數。以應八卦之爻也。又得混然子之。慈悲以列圖象。

更仗。 水精子之聖才。以增註解。共分二十四章。而章章
珠璣。同參二十四圖。而圖圖沈檀。條分縷晰。剴切詳明。真
乃度人之寶筏。醒夢之晨鐘。救人之靈丹。昇仙之階梯也。
實為慕道之禪杖。辯真之藥石。劈旁之斧鉞。照幽之炬燈
也。是道則進。非道則退。言非淺近。理數顯微。若有善緣得
遇。便是三生有幸。須當盥手恭讀。理宜過細體閱。不看之
時。高供神堂。則有丁甲守護。更能鎮宅驅邪。早晚跪誦。還
可消災解厄。積德感天。自有明師相遇。低心求指經中之
玄。下氣懇傳先天之道。照經修鍊。功果全備。在儒可以成

聖。在釋可以成佛。在道可以成仙也。若是天下同人。依是經而尊之。得是道而修之。千難不改。萬難不退。日就月將。三千功滿。八百果圓。丹書下詔。脫殼飛昇。逍遙天外。浩劫長存。豈不美哉。不負。

太上度人之溥心。以念聖德之慈意。學者其毋忽焉。此是。

道德天尊之厚望也。夫是為叙。

旹

甲辰年乾月望日

文昌帝君序於朝陽古硐

重刻清靜經圖註後叙

世間之善。惟有刻印善書經典。為行善第一功德。蓋濟人利物。雖皆為善。究竟一人所行有限。終不若善與人同之為廣遠也。夫秉彝之良。人所固有。第無所覩。感則亦不能興起。誠得善書經典讀之。則勃然感動。惡者見此改行善者。聞而堅進。是衆人之善。皆書與之善。其功不甚偉乎。再遇同志。遞相傳刻。則天下皆不難到。互相勸勉。善人愈多。善事愈廣。是此一舉。有無量之善矣。故功過格言。以善書傳大豪傑。大貴人者。當千善。廣佈無邊。重刻不朽者。當萬萬善。西安省城。多公祠。復初道人。余明善。募化功德。詮刻各種善書經典。廣佈流傳。但願人人改過自新。遵行善道。孝養父母。恭敬三寶。竭忠於君。不殺不盜。壹是皆以正心修身為本。行善積德為根。如此根本既立。豐稔可期。清平可保。優游

盛世。羣號賢良。豈不同樂堯天舜日。共享清平之福哉。是為叙。

時在。

大清同治十一年歲次壬申乾月朔日　守一子謹識

西嶽華山聚仙臺復初道人余明善薰沐謹叙

重刻清靜經圖註後敘

夫天道之變化。地道之興衰。人道之善惡。古今之常理也。日月之盈虧。氣運之消長。聖凡之超墮。亦是古今之定數也。噫嘻三期之劫至矣。三教之經顯矣。三才之道明矣。今太華山。聚仙臺。混元硐中。有一全真道人。道號復初。得受先天大道。身守三皈五戒。隱居硐中。苦修數載。內果已成。復培外功。虔誦 皇經。祈保清平。敬惜字紙。尊重聖賢。補修廟宇。以妥神靈。捨藥送方。救人疾苦。刻印各種善書經典。廣佈流傳。代天行化。設立講堂。常日宣講。

聖諭。善書。勸醒迷人。功果兩全。丹經奇遇。焚化字紙。見有清
靜經一卷。乃係
太上老君所著。有圖有解。言言金科。句句玉律。經中所喻無
極。太極之源來。先天後天之變化。明善復初之關。究安爐
立鼎之定位。煉己築基之法則。採鉛得鉛之活機。去濁留
清之奧妙。鉛苗老嫩之審實。水火昇降之法輪。乾坤坎離
之交姤。返本還原之抽添。武煉文烹之止足。陽火陰符之
進退。温養沐浴之定靜。面壁脫胎之超證。積功累德之栽
培。一一備載。節節詳明。真乃人天之共寶。仙佛之雲梯也。

爾時道人將經閱畢。大聲稱讚。善哉善哉。古今罕見之妙解也。昔前雖見斯經。未見圖註。其經傳世久矣。惜乎未得廣佈。焉能人人同覩。家家共聞。必有掛一漏萬者也。復初道人。大發普公之溥婆心。願造渡人之慈航。募化功德。重刻經版。廣佈流傳。徧溢四海。惟願人人明德。箇箇修身。挽轉人心。以回天意。妖氛消滅。世得清平。風調雨順。國泰民安。刀鎗入庫。馬放南山。五穀豐登。三曹安甯。同享清平之福。共樂堯天之慶。以酬天神育化之德。更報

皇王水土之恩。以滿。

太上度世之願。同超父母養育之恩。普結天下賢良之緣。同
看。
太上清靜之經。共得先天一貫之道。均享天爵人爵之風。豈
不美哉。豈不善哉。不負道人募化之功。是為古今之厚望
者也。是余不揣鄙陋。援筆樂而為敘。
時在。
大清同治十一年歲次壬申乾月望日樂山子謹敘

太上老君說常清靜經

老君曰。大道無形。生育天地。大道無情。運行日月。大道無名。長養萬物。吾不知其名。強名曰道。夫道者。有清有濁。有動有靜。天清地濁。天動地靜。男清女濁。男動女靜。降本流末。而生萬物。清者濁之源。動者靜之基。人能常清靜。天地悉皆歸。夫人神好清。而心擾之。人心好靜。而慾牽之。常能遣其慾。而心自靜。澄其心。而神自清。自然六慾不生。三毒消滅。所以不能者。為心未澄。慾未遣也。能遣之者。內觀其心。心無其心。外觀其形。形無其形。遠觀其物。物無其物。三者既悟惟見於空。觀空亦空。空無所空。所空既無。無無亦無。無無既無。湛然常寂。寂無所寂。慾豈能生。慾既不生。即是真靜。真常應物。真常得性。常應常靜。常清靜矣。如此清靜。漸入真道。既入真道。名為得道。雖名得道。實無所得。為化衆生。名為得道。能悟之者。可傳聖道。

太上老君曰。上士無爭。下士好爭。上德不德。下德執德。執著之者。不明道德。衆生所以。不得真道者。為有妄心。既有妄心。即驚其神。既驚其神。即著萬物。既著萬物。即生貪求。既生貪求。即是煩惱。煩惱妄想。憂苦身心。便遭濁辱。流浪生

死。常沈苦海。永失真道。真常之道。悟者自得。得悟道者。常
清靜矣。

仙人葛公曰。吾得真道者。曾誦此經萬遍。此經是天人所習。
不傳下士。吾昔受之於東華帝君。東華帝君。受之於金闕
帝君。金闕帝君。受之於西王母。西王母皆口口相傳。不記
文字。吾今於世。書而錄之。上士悟之。昇為天宮。中士修之。
南宮列仙。下士得之。在世長年。游行三界。昇入金門。

左玄真人曰。學道之士。持誦此經者。即得十天善神。擁護其
身。然後玉符保神。金液鍊形。形神俱妙。與道合真。

正一真人曰。人家有此經。悟解之者。災障不干。衆聖護門。神昇上界。朝拜高真。功滿德就。相感帝君。誦持不退。身騰紫雲。

太上老君説常清靜經終

重鐫清靜經圖註

太上老君著經

混然子 付圖
水精子 註解

無極品第一

老君曰。太道無形。生育天地。大道無情。運行日月。大道無名。長養萬物。

☯註 老君曰。老者。乾陽也。君者。性王也。曰者。說談也。夫老君之出。莫知其原。自混沌而來。無世不出。

上三皇。號萬法天師。中三皇。號盤古神王。後三皇。號鬱華
子。神農時。號大成子。軒轅時。號廣成子。千變萬化。難以盡
推。或化儒聖。或化釋佛。或化道仙。隱顯而莫測。或著感應。
或著道德。或著清靜。功德以無邊。大道無形者。大為無外。
道為至善。無是無極。形為踪跡也。夫大道本鴻濛未判之
元炁。有何形質之見耶。生育天地者。生為生化。育為含養。
天為陽氣。地為陰氣。而天地。何由大道之生也。每逢戌亥
二會為混沌。混沌者。無極也。以待子會之半。靜極一動而
生陽。陽氣上浮以為天。在人為玄關。以待丑會之半。動極

一靜而生陰。陰氣下凝以為地。在人為丹田。故曰。天開於子。地闢於丑也。大道無情者。夫道本屬先天。無聲無臭。情者本屬後天。有作有為。無情是無為之道也。運行日月者。運是旋轉。行為週流。日為金烏。月為玉兔。日屬離卦。則有寒暑之來往。月屬坎卦。則有消長之盈虧。在人為聖日聖月照耀金庭。大道無名者。名是名目。先天大道。無形無象。無始無終。有何名字。強名曰道。長養萬物者。長為長生。養為養育。萬物是胎卵溼化。昆蟲草木之類。皆得先天之氣。而生之者也。世人若肯回頭向道。訪求至人指示身中之天地。身中之日月。修無形。無情。無名之道。煉神寶。氣寶精寶之丹。返上清。太清。玉清之官。證天仙。金仙。神仙之果。道遥物外。法劫長存。這等好處。何樂而不為也。

木公老祖詩曰。道德天尊演妙玄。尊經一部即真傳。求師指破生死竅。得訣勤修龍虎丹。箇箇同登清靜道。人人共上彩雲蓮。無極宮内受封後。快樂逍遥自在仙。

文昌帝君詩曰。一部尊經度世船。五湖四海任盤旋。若不點破經中理。枉費工夫拜几筵。箇裏玄機惟一撥。壺中春色數千年。天尊口訣斯經露。按法修行赴九天。

皇極圖

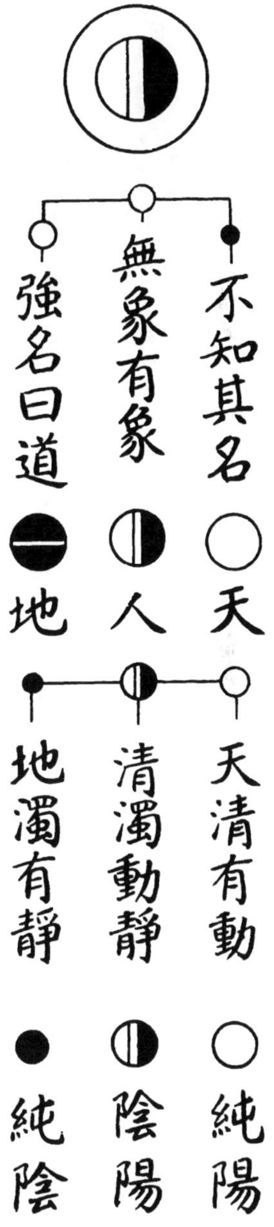

皇極品第二

吾不知其名。強名曰道。夫道者。有清有濁有動有靜。天清地濁。天動地靜。

☯註　吾不知其名者。吾乃我也。是太上自嘆。大道本無形象所定。更無名色所擬。由強勉取名曰道。夫道雖曰強勉。以字儀而推之。實不強也。何矣。倉頡夫子造道字。深隱玄蘊。夫道字。先寫兩點。左點為太陽。右點為太陰。似太極陰陽相抱。在天為日月。在地為烏兎。在人為兩目。在修煉為回光返照也。次寫一字。乃是無極一圈。此圈在先天屬乾。易曰、乾圓也。鴻濛一破。其天開也。圈折為一。易曰、乾一也。經曰、天得一以清。地得一以寧。人得一以聖。儒曰、惟精惟一。釋曰萬法歸一。道曰、包元守一。次寫自字於下者。言這一字圈圈日月團團。乃在自己身上。儒曰、道也者不可須臾離也。可離非道也。上下相合成一首字。首者頭也。修道是頭一宗好事。次寫走之者。行持也。乃週身法輪自轉。此名道字之儀也。夫道者。乃性與天道。不可得而聞也。有清天氣也。有濁地氣也。有動陽氣也。有靜陰氣也。天清純陽也。地濁純陰也。天動乾圓也。地靜坤方也。清濁動靜。在天顯象於日月。在地顯象於春秋。在人顯象於聖凡。日為陽。常圓常滿。月為陰。有晦有虧。春為陽。而萬物發生。秋為陰。而萬物頹敗。聖為陽。脫殼以昇仙。凡為陰。壽終以為鬼。此謂清濁動靜之理。大概而言之也。不知世間。乾男坤女。可知身中。清濁動靜否。若是不知。急早積德。感動天心。明師早遇。指示身中之大道。聖日聖月之照臨。將濁陰之氣而下降。提清陽之氣以上昇。寂然不動謂之靜。感而遂通謂之動。常以有欲。以觀其竅。動也。常以無欲。以觀其究中之妙者。靜也。採鰥者。動也。得鰥者。靜也。九節玄。工節節有動靜。清濁須待口傳心授。方可了然於心。成仙有何難哉。

呂祖詩曰。清靜妙經亘古無。水精註後理方舒。品分廿四超三界。大地遵崇護寶珠。

關帝詩曰。一卷無為清靜經。旁門外道不相親。改邪歸正循天理。長生不死也由人。

觀音詩曰。陰陽動靜在人天。皇極中空煉汞鉛。識得濁清昇降法。明燈不夜照三千。

太極圖

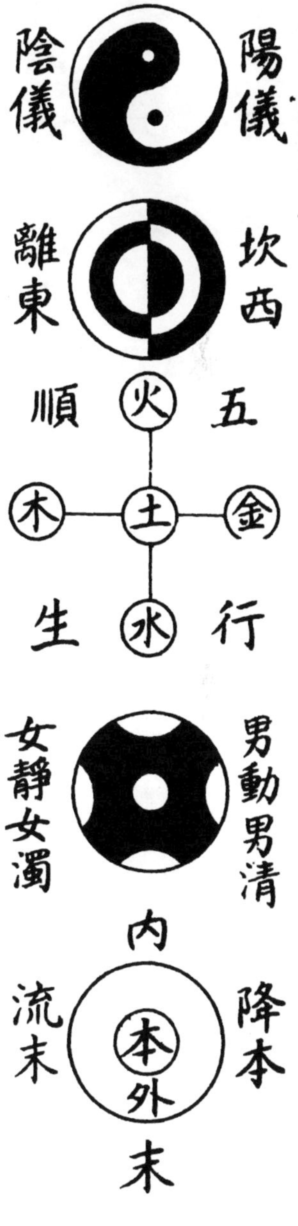

太極品第三

男清女濁。男動女靜。降本流末。而生萬物。

☯註　男清女濁者。男稟乾道以成體。故曰清也。女稟坤道以成形。故曰濁也。男屬太陽。而陽中有陰。離中虛也。女屬太陰。而陰中有陽。坎中滿也。故男子十六清陽足。女子十四濁陰降。清陽者。壬水也。濁陰者。癸水也。壬為白虎。癸為赤龍。故仙家有降龍伏虎之手段。返本還原之天機。故耳長生而不死也。男動女靜者。男稟天之氣以生。女稟地之氣而成。故曰天動地靜也。此男女之論者。非實屬男女也。陰陽而已矣。降本流末而生萬物者。降為生。流為成。本為始。末為終。是故萬物。乃人之末。人為萬物之本。人又為天地之末。天地為人之本。夫人不可以無本。亦不可以無末。本者體也。末者用也。則兩不相離。天地以太空為本。而生人畜萬物。人畜以至善為本。而生週身百體。天不失其本則天且長且久。人不失其本。則人為佛為仙。亦可與天地同壽矣。夫

人自古皆有死。何由不致於死也。豈不聞。呂氏春秋曰。人
能一竅。通則不死。其壽在神。聖經云。物有本末。事有終始。
知所先後。則近道矣。道經云。生我之門死我戶。幾箇惺惺
幾箇悟。夜來鐵漢自思量。長生不死由人做。噫嘻。這玄關
一竅。異名多端。儒曰。靈臺。至善。無極。無思無慮之天。已所
獨知之地。釋曰。靈山。虛空。皇極。南無　涅槃之天。阿彌陀
佛之地。道曰。靈關。金庭。太極。三清紫府之天。萬殊一本之
地。三教名雖異。而其所一也。在儒得此竅而成聖。在釋得
此竅。而成佛。在道得此竅。而成仙也。只是此竅。上蒼所秘。

而三教聖人。不敢明洩於書。防匪人得之。恐遭天遣。必要訪求至人。低心受教。指示此究次第工夫。是道則進。非道則退。若是以泥丸。顖門。印堂。頑心。肚臍。心下。臍上。下丹田。兩腎中間一穴。尾閭。夾脊。玉枕。為玄關者。皆非大道之所也。

土道古佛詩曰。女女男男濁濁清。還從本末覓真情。有為日動無為靜。得本延年失本傾。急早回頭修至善。趁時氣在學長生。任君積下千金產。一旦無常空手行。

火公老人詩曰。太極陰陽玄妙多。長生大道少人摩。世間若要人不死。接命添油養太和。

三才圖

三才品第四

清者濁之源。動者靜之基。

☯註　清者。輕清也。濁者。重濁也。源者。源頭也。靜者。無為也。動者。有為也。基者。根本也。何為清者濁之源。夫天。本是清氣上浮。這清氣還從地中發生。地本陰濁之體。由陰極而生陽。濁定而生清也。男本清靜之體。女為污濁之身。雖清靜之體。其源出於污濁之身也。丹道以神為清陽之體。而神之源頭。由交感之濁精化成陽精。由陽精而生氣。由氣而生神也。故曰。煉精化氣煉氣化神。豈不是清者。濁之源也。靜者。動之基。何謂也。地本靜也。其源還從天氣所結。女本靜也。其源還從父親所降。丹道以無為為靜。有為為動。其源還從有為立基。故曰。動者。靜之基也。奉勸世人。急早回頭向道。將自身中濁氣撥盡。清氣上浮。凝結成丹。長生不死。積功累德。丹書來詔。脫殼飛昇。逍遥物外。將生身父母。同超天堂。共享極樂。不亦欣乎。可嘆。世有一等愚迷。貪痴之人。不知性理。他說仙佛。

皆有分定。不是凡夫做得到的。正所謂道不遠人。人之為道而遠人。自暴自棄。甘墮苦海。全不思想人秉陰陽五行而生。為萬物之首。可以行天地之全功。更可以載天地之大道。夫天地之道。顯象於日月。而日月之道。顯象於陰陽。而陰陽之道。亦顯象於消長也。消陽長陰。凡夫之道。待至陽盡陰純。而成鬼。消陰長陽。異人之道。待至陰盡陽純而成仙。況人半陰半陽。半仙半鬼也。若將半邊陰氣煉退。則成純陽。純陽者仙也。何難之有。孟子曰。堯舜與人同耳。顏子曰。舜何人也。予何人也。有為者亦若是。此皆言人人可以為聖賢。人人可以為仙佛。只在有志無志之分耳。有志者。不論在家出家。都能修身。在家者。妻為明子。為伴。人身雖在紅塵。而心出乎紅塵。何等便宜之事也。

呂祖詩曰。看破浮生早悟空。太陽隱在月明中。時人悟得陰陽理。方奪天機造化功。

韓祖詩曰。虛心實腹求鉛光。月裏分明見太陽。湛破濁清昇降路。自然丹熟遍身香。

急性子詩曰。男清女濁有先天。不曉根基亦枉然。女斬赤龍男降虎。何愁俗子不成仙。

道心圖

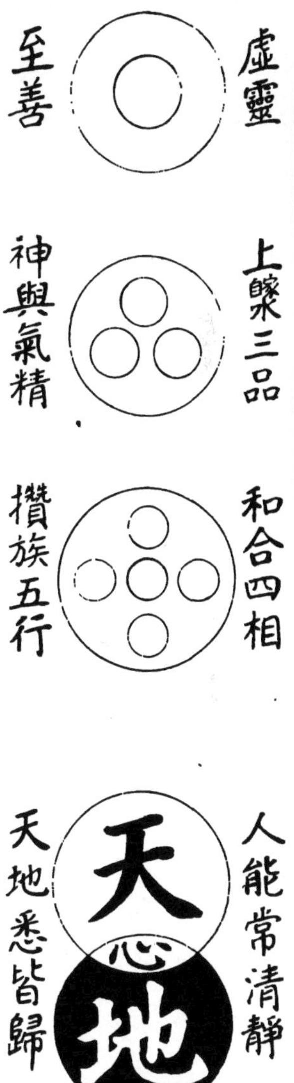

道心品第五

人能常清靜。天地悉皆歸。☯註 人者。善男信女也。能者。至強無息也。常者。二六時中也。清者。萬緣頓息也。靜者。一念不生也。修道之人。以清靜為妙。非禮勿視。則眼清靜矣。非禮勿聽。則耳清靜矣。非禮勿言。則口清靜矣。非禮勿動。則心清靜矣。天地悉皆歸者。得明師指點身中之天地。天氣歸地。汞投鉛也。地氣歸天。鉛投汞也。神居北海。以清靜之功。則身中天氣悉歸之。而身外之天氣以隨之。神居南山。則清靜之功。則身中地氣悉歸之。而身外之地氣以隨之。所言身中之天者。道心而已矣。身中之地者。北海而已矣。道心先天屬乾。乾為天。故以道心為天也。北海先天屬坤。坤為地。故以北海為地也。此身中之天地。而感身外之天地。身外之天地。以應身內之天地。而身內之天地。有主宰。則身外天地之氣。悉歸於內也。若無主宰。則身內天地之氣。悉歸於外也。不能成道。反與大道有損。書經曰。人心惟危。道心惟微。惟精惟一。允執厥中。正是教人去人心。守道心。無奈世人。不得明師指點。總在書上招尋大道。豈不思這大道。至尊至貴。子貢曰。夫子之文章。可得而聞也。夫子之言。性與天道。不可得而聞也。又曰。君子憂道不憂貧。子曰。朝聞道。夕死可也。似此數語推之。何等貴重。豈將大道。露洩於紙墨乎。又豈將大道。不分貴賤。君子小人。俱可得乎。定無此理也。三教聖人之經典所言。治國齊家。人事之常道者。品節詳明。所言修身次第工夫。概是隱而不露。所露者。不過是以肉團頑心。為虛靈不昧。或以心下三寸六分。為黃庭。以兩腎中間一穴。為父母未生前。以冥心空生。為道心。又為返本還原。一概虛假。世人信以為實。深可嘆也。

正陽帝君詩曰。可嘆蒼生錯認心。常將血肉當黃庭。三途墮落無春夏。九界昇遷少信音。便向仙街了罪籍。遂從道路脫寒陰。吉凶兩岸無差錯。善士高昇惡士沈。

重陽帝君詩曰。道心惟微人心危。幾箇清清幾箇知。至善中間為硐府。玄關裏面是瑤池。猿猴緊鎖休遷走。意馬牢拴莫教馳。允執厥中函養足。金光一道透須彌。

人心圖

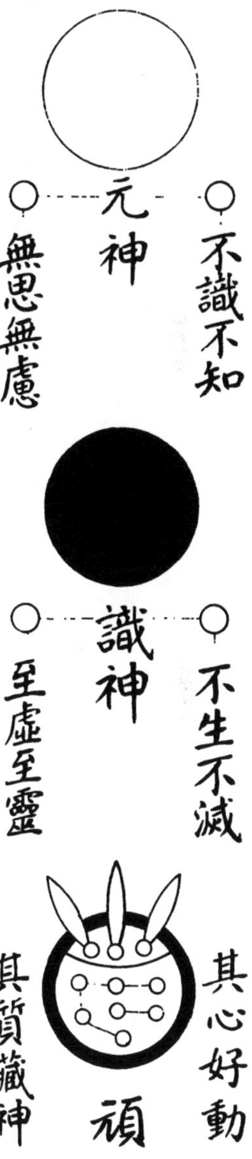

人心品第六

夫人神好清。而心擾之。

☯註　夫人神好清者。一陰一陽乃為人。人得一為大。大得一為天。超出天外。方為夫。字人者。得天氣下降。地氣上昇。陰陽相結。以為人也。神者。稟父母之性。為元神。受天地之性。為識神。而元神。無識無知。能主造化。識神。最顯最靈。能應變無停。此神是人之主。人翁也。其神之原。出於無極。道家呼為鐵漢。釋氏喚作金剛。儒家叫作魂靈。不生不滅。不增不減。在身為魂。出身為鬼。修善為仙為佛。作惡變禽變獸。夫元神。隨身之有無。從受胎以得其生。凝於無極之中央。主宰生身之造化。十月胎足。瓜熟蒂落。地覆天翻。一箇觔抖下地。囫的一聲。而元神從無極。遶下肉團頑心。而這識神。趁此吸氣。隨吸而進。以為授胎與元神。合而為一。同居於心。從此以心為主。而元神失位。識神當權。七情六欲。晝夜耗散。而元神耗散。以盡地水火風。四大分馳。其身嗚呼哀哉。以識神為自巳之真性。

而捨身而出。縱壽高百歲。不免大夢一場。必有鬼卒押至地獄。將平生之善惡。照簿賞罰。善者。或轉生來世。以受福報。或為鬼神。享受香煙。惡者。或轉世以受惡報。或失人身以變四生。而萬劫難復也。好者愛也。清者靜也。此言元神本好清靜。無奈人心之識神。而好動作。時常以擾之。不能清靜。因不能清靜。朝傷暮損。漸磨漸虧。元神一衰。而百病相攻。無常至矣。奉勸世人。要曉人身難得。中華難生。佛法難遇。大道難逢。今得人身幸生中華。切莫糊糊混混。以過一世。要把性命二字為重。識神元神。當分真身假身當曉。

人心道心當明。切不可以人心。當道心。以識神。當元神。以假身。當真身。佛經云。心字詩。三點如星佈。橫鈎似月斜。披毛從此出。作佛也由他。呂祖曰。人生難得今已得。大道難明今已明。此身不向今生度。再等何時度此身。

黃老詩曰。一貫道心孔氏書。於今清靜啟靈圖。真經真法皆言道。天理天年也在儒。漢武枉尋千歲藥。秦王空想萬年謨。此經在手春秋永。別有乾坤鎮玉壺。

太白星詩曰。羣經惟此有奇思。翻案偏然有妙詞。那管春秋而過去。只將旦暮以窺之。全憑清靜為靈藥。豈有人心種紫芝。道心纔為真父母。精神力量庇佳兒。

六賊圖

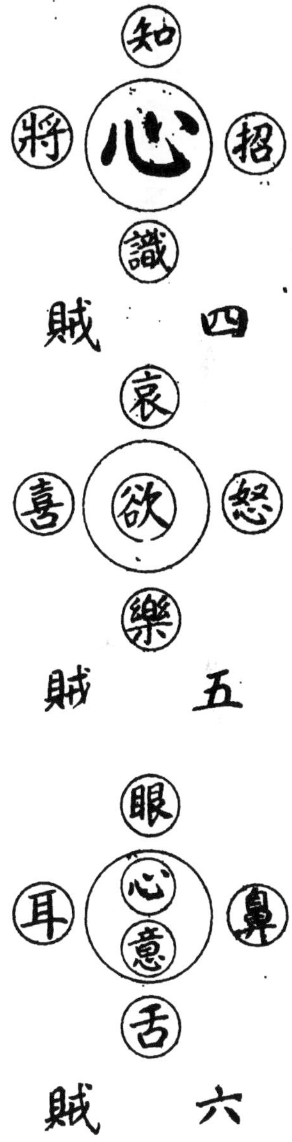

六賊品第七

人心好靜而慾牽之。

註　人心者。常人之心也。好靜者。不愛妄動也。慾者。七情六慾也。牽之者。牽引外馳也。夫人心。本不好靜。因有元神在內。有時元神主事。故心有時好靜也。人心本不好動。因有識神在內。有時識神主事。故心亦有時好動也。人身因有六根。則有六識。因有六識。則有六塵。因有六塵。則有六賊。因有六賊。則耗六神。因耗六神。則墮六道也。六賊者。眼。耳。鼻。舌。身。心。是也。眼貪美色而不絕。久以後。這點靈性。墮在卵生地獄。變為飛禽鵲鳥。羽毛之類。身披五色翎毛。何等好看。耳聽邪話而不絕。久以後。這點靈性。墮在胎生地獄。變為騾駝象馬。走獸之類。項帶鈴鐺。何等好聽。鼻貪肉香而不絕。久以後。這點靈性。墮在溼生地獄。變為魚鱉蝦蠏。水族之類。常在臭沈。何等好聞。舌貪五暈。三厭而不絕。久以後。這點靈性墮在化生地獄。變為蚊蟲蛆蠓。蟣虱之類。還是以口傷人傷物。何等有味。

心貪財而無厭。久以後。這點靈性。墮在駝腳之類。一生與人駝物。而貨財金銀常不離身。何等富足。身貪淫而無厭。久以後。這點靈性。墮在煙花雞鴨之類。一日交感無度何等悅意此言六慾牽心之報也。還有七情之傷。而不可不知也。七情者。喜。怒。哀。懼。愛。惡。慾。是也。喜多傷心。怒多傷肝。哀多傷肺。懼多傷膽。愛多傷神。惡多傷情。慾多傷脾。此為七情牽心之傷也。又有外十損。而亦不可不知也。久行損筋。久立損骨。久坐損血。久睡損脈。久聽損精。久看損神。久言損氣。食飽損心。久思損脾。久淫損命。此為十損也。大凡

世人無一人不受此六賊七情十損之害也奉勸天下善男信女將六賊七情十損一筆勾銷返心向道切莫上此賊船恐墮沈淪悔之晚矣

無心道人詩曰眼不觀色鼻不香正意誠心守性王三境虛空無一物不生不滅壽延長

清靜子詩曰妄念纔興神急遷神遷六賊亂心田心田既亂身無主六道輪回在目前

尹真人詩曰靈光終夜照河沙凡聖原來共一家一念不生全體現六根纔動被雲遮

三尸圖

上尸　靈臺　彭琚

中尸　靈爽　彭瓆

下尸　靈精　彭璚

三尸品第八

常能遣其慾。而心自靜。澄其心。而神自清。自然六慾不生。三毒消滅。

☯註　常者平常也。能者志能也。遣者。逐遣也。慾者。私慾也。言二六時中。將靈臺之上。打掃潔淨。勿使萬物所搖。外相不入。內相不出。而道心自然清靜矣。澄其心者。將渾水以澄清也。而心有雜念。如水之有泥漿也。知止而后有定。定而后能靜。五祖出偈。神秀偈曰。身是菩提樹。心乃明鏡臺。時時勤打掃。休得惹塵埃。六祖曰。菩提本無樹。明鏡亦非臺。本來無一物。怎得惹塵埃。正此之謂也。而神自清者。心無念頭擾撓。而元神自然清明。元神清明。而眼。耳。鼻。舌。心。身。六慾則無妄動矣。三毒者。三尸也。人身有三尸神。名三毒。上尸名彭琚。管人上焦善惡。中尸名彭瓚。管人中焦善惡。下尸名彭蹻。管人下焦善惡。上尸住玉枕關。中尸住夾脊關。下尸住尾閭關。每逢庚申甲子。詣奏善惡。又有九蟲作害不淺。阻塞三關。九竅使其真陽。不能上昇而九蟲俱有名字一曰伏蟲住玉枕竅二曰龍蟲住天柱竅三曰白蟲住陶道竅四曰肉蟲住神道竅五曰赤蟲住夾脊竅六曰隔蟲住玄樞竅七曰肺蟲住命門竅八曰胃蟲住龍虎竅九曰蟯蟲住尾閭竅三尸住三關九蟲住九竅變化多端隱顯莫測化美色夢遺陽精化幻景睡生煩惱使其大道難成矣故丹經云三尸九蟲在人身阻塞黃河毒氣深行者打開三硐府九蟲消滅壽長生正此之謂也不知修道之士可知斬三尸殺九蟲之法否倘若不知急訪明師低心求指大道請動孫悟空在東海龍宮求

來金榧棒。打三關。借來猪八戒之釘扒。扒開九竅。而三尸亡形。九蟲滅跡。關竅通徹。法輪常轉。性根長存。命基永固。七情頓息。六慾不生。三毒消滅矣。

清虛真人詩曰。茅菴靜坐勝高樓。斬去三尸上十洲。堪嘆玉堂金馬客。文章錦繡葬荒坵。

無垢子詩曰。七情六慾似風塵。一夜滂沱洗垢新。待等地雷初發動。尸嚎鬼哭好驚人。

達摩祖師詩曰。一陽氣發用功夫。九蟲三尸趁此除。到陣擒拏須仔細。恐防墮落洞庭湖。

氣質圖

氣質品第九

所以不能者。為心未澄慾未遣也。

☯註　所以不能者。是不能掃三心。飛四相也。為心未澄者。是人心未死也。慾未遣也者。是七情六慾常未去也。蓋人生天地之間。不能成仙成佛成聖成賢者。何也。皆因不能去喜去怒去哀去樂者。明矣。若果能去喜情化為元性。去怒情化為元情。去哀情。化為元神。去樂情。化為元精。去慾情。化為元氣。五慾化為五元。有何仙不可成。而何佛不可證也。儒曰。戒慎乎其所不覩。恐懼乎其所不聞。釋曰。無眼耳鼻舌身意。無色聲香味觸法。道曰。恍恍惚惚。杳杳冥冥。如照三教聖經行持。又有何私不可去。而何慾不可遣也。夫三教聖人。總是教人去其私慾者。何也。然而私慾乃屬陰也。三教聖人總是教人煉其純陽者。何也。然而純陽乃屬仙也。順其陰者鬼也。順其陽者仙也。丹經云。朝進陽火。暮退陰符。不知世之善男信女。可知進陽退陰之功否。倘若不知。速將世間假事一筆鈎消。積德感天。明師相遇。指示性與天道。進陽退陰之理。口傳心受。不勞而得焉。噫性與天道。不可得而聞也。豈易聞乎哉。吾將天道略指大概而言之。每逢朔日。天上日月並行。至初三巳時。進一陽。名地雷復。至初五日。亥時。進二陽。名地澤臨。至初八日。巳時。進三陽。名地天泰。為鉛。八兩。至初十日。亥時。進四陽。名雷天大壯。至十三日。巳時。進五陽。名澤天夬。至十五日。亥時。進六陽。名乾為天。易曰。君子終日乾乾。純陽之體也。若不用火煅煉。過此必有生陰矣。至十八日。巳時。進一陰。名天風姤。至二十日。亥時。

進二陰。名天山遯。至二十三日。巳時。進三陰。名天地否。為汞半斤。至二十五日。亥時。進四陰。名風地觀。至二十八日。巳時。進五陰。名山地剝。至三十日。亥時。進六陰。名坤為地。六爻純陰也。而天上則無月。無月者。則無命矣。

道光祖詩曰。悟道修行是進陽。河圖之數大文章。雙為私欲單為道。退乃符消進乃長。但得真傳無極理。自然丹熟遍身香。一朝脫卻胎周襖。跳出凡籠禮玉皇。

鍾離祖詩曰。煉性先須煉老彭。一輪蛾月西南橫。陰符進退丹益熟。陽火盈虧月漸明。扯坎填離返本位。擒烏捉兔復初城。從今不上閻王套。我做神仙赴玉京。

虛無圖

內觀其心　心　心無其心

外觀其形　形　形無其形

遠觀其物　物　物無其物

虛無品第十

能遣之者。內觀其心。心無其心。外觀其形。形無其形。遠觀其物。物無其物。三者既悟。唯見於空。

☯註　能遣之者。是將一切雜念。遣逐他方也。內觀其心者。是瞑目內視也。心無其心者。念頭從心而發。連心都沒得了。看他念從何生也。外觀其形者。是瞑目外視也。形無其形者。心生於形。連形都沒得了。看他心又從何而生也。遠觀其物者。是瞑目遠視。天地日月。星辰山河。林屋都沒有了。看他身又生於何處也。三者既無。是言心身物。都似乎沒得了。唯見於空者。是言天。地。人。三才。萬物。未有一物。混混沌沌。只有虛空。常未了卻。故曰。唯見於空。以外而言。乃是虛空。以內而言。乃是真空。真空者。自身之玄關也。經云。三界內外為道尊。老祖曰。吾所以有大患者。為吾有身。及吾無身。吾有何患。又云。後其身。而身先。外其身。而身存。金剛經云。不可以身相見如來。臨濟禪師云。真佛無形。真性無體。真法無相。古仙云○莫執此身云是道○此身之外有真身○自古成道仙佛○皆以忘形守道為妙○可嘆世間有等愚人○不但不能忘其形○而且將此假身○認為真身○咆酒肉以肥此身○戀美衣以飾此身愛美色以伴此身○至於修煉無非八段錦六字氣小週天○一切都在色身上搬弄○或者服三皇藥草五金八石○以為外丹○或者行三峯採戰之功○將年幼女子以為爐鼎○把女子之精氣奪來○名為採陰補陽○或者吸精氣以為補腦○或者服紅鉛○名為先天梅子○或者服白乳以為菩提之酒○或者枯坐以為參禪○或者守心以為煉性○種種旁門○

三千六百難以盡舉。都在色身上作事。地獄裏找路。不但不能成仙。一旦陽氣將盡。四大分馳。一點靈性。永墮沈淪。而肉身何在之有也。嗚呼真可嘆哉。

金蟬子詩曰。虛無一炁成仙方。空覺色身覓性王。功滿三千丹詔下。超凡成聖步仙鄉。

紫清真人詩曰。此法真中妙。更真無頭無尾又無形。杳冥恍惚能相見。便是超凡出世人。

翠虛子詩曰。無心無物亦無身。得會生前舊主人。但是此中留一物。靈臺聚下紅砂塵。

虛空圖

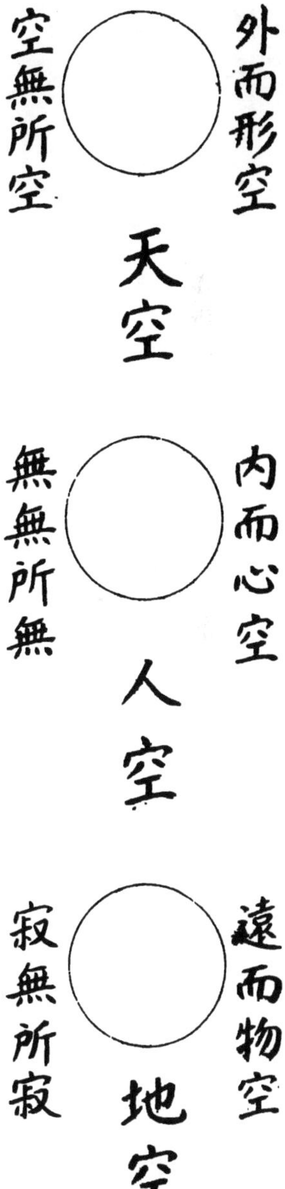

虛空品十一

觀空亦空。空無所空。所空既無。無無亦無。無無既無。湛然常寂。寂無所寂。慾豈能生。慾既不生。即是真靜。

☯註 觀空亦空。空無所空者。此承上文而言。三心已掃。四相已飛。外不知其物。內不知其心。只有真空存焉。到如是之際。連真空都沒有了。無無亦無。無無既無。是言無真空。無太空。

無慾界。無色界。無想界。無思界。紛碎虛空。湛然常寂。寂無所寂者。言其大定。無人無我。混混沌沌。一派先天矣。慾豈能生。慾既不生。即是真靜者。言慾念不生。則入真靜。三花自然聚頂。五炁自然朝元。神空於下焦。則精中現鉛花。神空於中焦。則氣中現銀花。神空於上焦。則神中現金花。故三花聚於鼎矣。空於喜。則魂定。魂定。而東方青帝之氣朝元。空於怒。則魄定。魄定。而西方白帝之氣朝元。空於哀。則神定。神定。而南方赤帝之氣朝元。空於樂。則精定。精定。而北方黑帝之氣朝元。空於慾。則意定。意定。而中央黃帝之氣朝元。故曰。五氣朝元。儒曰。人慾盡淨天理流行。釋曰。無無明。亦無無明盡。道曰。虛其心實其腹。皆是言觀空之道。雖曰觀空之道。亦不是頑空枯坐。不過去其雜念而已。倘若未得明師指示。何處安爐。何處立鼎。何謂煉己。何謂築基。何謂採藥。何謂得自家水。何謂老嫩。何謂河車。何謂火候。何謂乾坤交姤。何謂坎離抽添。何謂金木交並。何謂鉛汞相投。何謂陽火陰符。何謂清靜沐浴。何謂灌滿乾坤。何謂脫胎神化。次第工夫。任你觀空靜坐。縱有三花聚於何鼎。任有五炁朝於何元。只落得形如枯木。心若死灰。一朝壽滿清靈善化之鬼。來去明白。名叫鬼仙。或頂衆神而受香煙。或轉來世以為官宦。倘若迷性依然墮落。前工枉費。深可痛哉。好道者慎之謹之

觀空子詩曰。富貴榮華似水漚。塵勞識破上慈舟。觀空得寶爐中煉。穩跨青鸞謁帝洲。

懼留孫詩曰。空形空象空仙方。空寂空心空性王。空裏不空空色相。真空觀妙大文章。

玉鼎真人詩曰。無為大道是觀空。不是枯禪修鬼童。若得明師親說破。無形無象結玲瓏。

真常圖

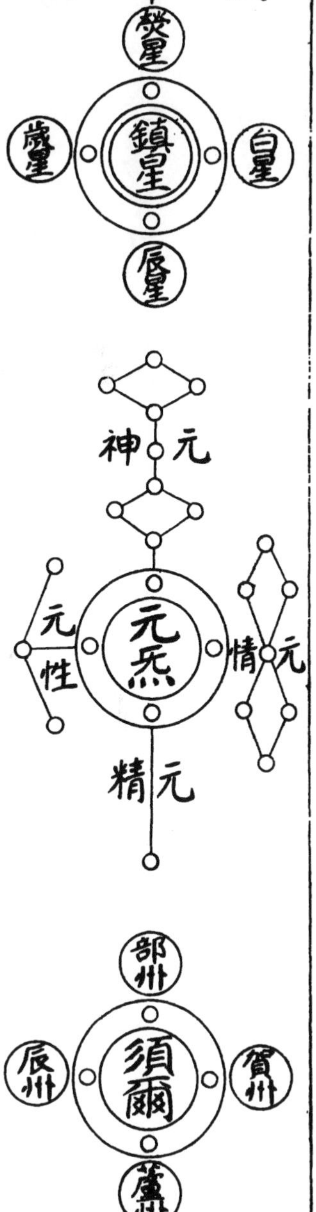

真常品十二

真常應物。真常得性。常應常靜。常清靜矣。

☯註　真常應物者。無念紛擾謂之真。五德五元謂之常。感而遂通謂之應。衆苗發生謂之物也。真常得性者。此感彼應謂之得。真靈不散謂之性也。常應常靜者。此常乃為平常之常。又非真常之比也。平常事來則應。事去則靜矣。常清靜矣。是言寂然不動也。修道之士。每日上丹。掃心飛相。去妄存誠。陽極生陰。寂然不動。萬緣頓息。陰極生陽。感而遂通。萬脈朝宗。而先天五德發現。名曰真常。真常者。良知也。先天五元發現。名曰應物。應物者。良能也。良知良能。乃名真性。人心死盡。道心全活。乃名真常得性。先天一氣。名為物知覺。收斂。名為應。人心常死。則道心常活。道心常活。則妄念不生。妄念不生。則常復先天。常復先天。則藥苗常生。藥苗常生。則真性常覺。真性常覺。則真常常應。真常常應。則河車常轉。河車常轉。則海水常朝。海水常朝。則火候常煉。火候常煉。則金丹常結。金丹常結。則沐浴常靜。沐浴常靜。則法身已成。法身已成。了然無事。故曰。常應常靜。常清靜矣。可嘆世人。在儒者。希聖學賢。一見五經四書。每言去慾為先。就以一味。去慾。而了大事。再不窮究存心養性。心是何存。性是何養。在釋者。參禪學佛。一見法華金剛。每言去念為先。就以一味去念。而了大事。再不窮究。明心見性。心是何明。性是何見。在道者。修真學仙。一見清靜道德。每言觀空為先。就以一味觀空。而了大事。再不窮究修心鍊性。心是何修。性是何鍊。豈以一味頑空枯坐。道可成哉。豈不知大道即天道。天道生長萬物。全賴日月星辰。風雲雷雨。易曰。鼓之以雷霆。潤之以風雨。日月推遷。一寒一暑是也。豈以一味空空無為。而萬物自能成乎。

文昌帝君詩曰。乾坤日月皆無心。赤炁揚輝處處靈。惟有玄根同太極。自然煥發合天經。流行萬古兼千古。合撰清甯永太甯。清淨洞陽敷妙德。真機運動不留停。

孚佑帝君詩曰。真常之氣大而剛。充塞乾坤顯一陽。自此昇平千萬世。恒安熙皡樂無疆。清炁靈圖皆煥發。瓊書寶典善鋪張。天地有根因有此。玄玄妙妙見真常。

真道圖

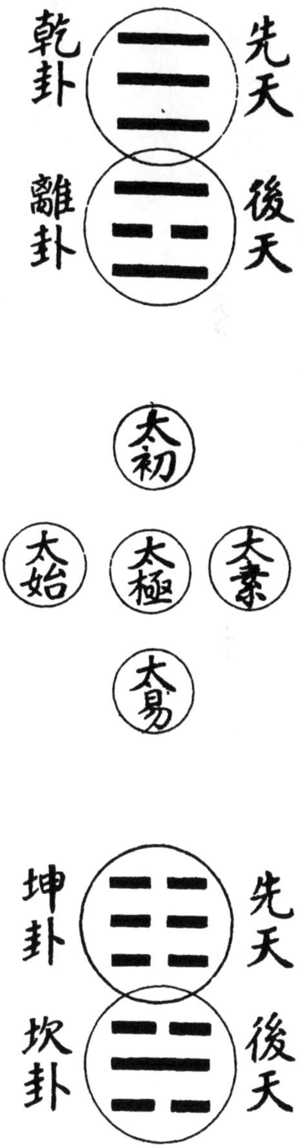

真道品十三

如此清靜。漸入真道。

☯註　如此清靜。漸入真道者。此承上章而言。如此清靜無為。可返先天。既返先天。漸次以入真道。真道者。非三千六百旁門。九十六種。外道之比也。此為先天大道。生天。生地。生人。生物之道也。道也者。大矣哉。果何物也。曰。無極而已矣。夫無極真道。自古口口相傳。不

敢筆之於書。恐匪人得之。必遭天譴。雖然書中藏道。必是
喻言。隱母而言子。隱根而言枝。概是借物闡道。張冠李戴
是也。余亦不敢明洩將此真道。微露大概。以作訪道之憑
証。不致悞墮旁門也。真道者。乃生身之初是也。得父之精。
母之血。二物交合。精為鉛。血為汞。鉛投汞。名乾道而成男。
汞投鉛。為坤道。而成女。半月生陽半月生陰。由此而五臟。
由此而六腑。由此週天三百六十五骨節。由此八萬四千
毫毛孔竅。先天卦氣以足。瓜熟蒂落。一箇筋抖下地。因啼
一聲。先天無極竅破。而元神。元氣。元精。從無極而出。分為

三家。乾失中陽以落坤。坤變坎。坤失中陰以投乾。乾變離。先天乾坤定位。而變成後天坎離。火水未濟也。從此後天用事。凡夫之途也。若有仙緣。訪求返本還原之真道。這真道。先點無極一竅。此竅儒曰。至善。釋曰。南無。道曰。玄關。異名頗多。前篇先以剖明。要用六神會合之功。守定此竅久守竅開。元神歸位。復用九節玄功。名為金丹九轉。抽爻換象。扯坎填離。奪天地之正氣。吸日月之精華。用文武之火候。修八寶之金丹。日就月將。聖胎漸成。和光混俗。積功累德。三千功滿。八百果圓。丹書下詔。脫殼飛昇。逍遙物外。天地有壞他無壞。浩劫長存。故曰。金剛不壞之體也。不枉出世一場。雖然如此好處。必要真師口傳心授。務要立生死不退之心。方可穩當矣。

元始天尊詩曰。清靜妙經本自然。得明真道悟先天。金丹一服身通聖。隨作逍遙閬苑仙。

靈寶天尊詩曰。清靜真言卻不多。內中玄妙少人摩。此身有盞長生酒。請問凡夫喝過麽。

降生天尊詩曰。清靜後逢正子時。一輪明月見江湄。此中真道於斯覓。借問諸君知不知。

妙有圖

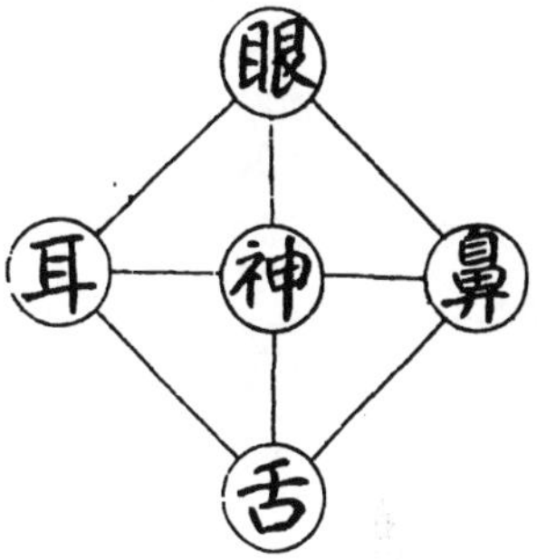

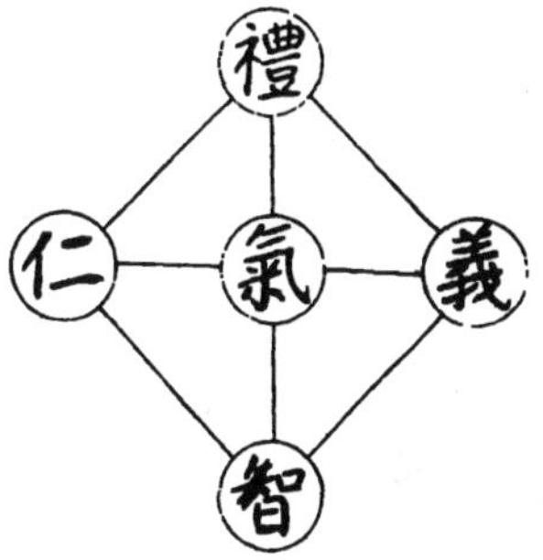

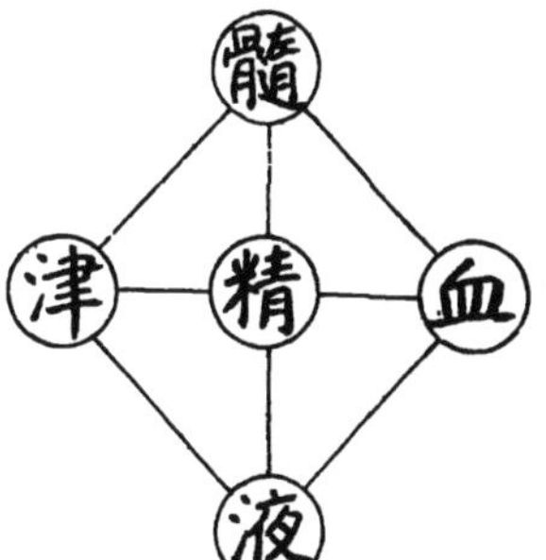

妙有品十四

雖名得道。實無所得。

☯註　雖是雖然。名是名目。得為得傳。道為大道。實者真也。無者虛也。雖名得道者。乃承上文而言。漸入真道也。得受明師真傳。正授。何者是玄關一竅。何者是六神會合。何者是築基煉己。何者是採藥煉丹。何者是藥苗老嫩。何者是去濁留清。何者是乘去投鉛。何者。

是鉛來投汞。何者是嬰兒姹女。何者是金公黃婆。何者是金木交並。何者是水火既濟。何者是法輪常轉。何者是陽火陰符。何者是文武烹煉。何者是清靜沐浴。何者是灌滿乾坤。何者是温養脱胎。何者是七還九轉。何者是移爐換鼎。何者是龍吟虎嘯。何者是面壁調神。一一領受方名得道也。雖名得道實無所得者何也。夫道所言關竅物一切種種。無窮無盡美名奇寶。一概都是人身自有。並非身外得來。故曰實無所得也。果真實為得者。必是受道之後。苦修苦煉。立定長遠之計。鐵石之心。千難不改。萬難不退。

富貴不能淫。貧賤不能移。威武不能屈之志。方可不致半途而廢。定要將身外。假名利恩愛。酒色財氣。一刀斬斷。速修身中。真名利恩愛。酒色財氣。方為得道。而身外人人皆曉。身內知者鮮矣。聽吾將身內說來。身拜金闕。享受天爵。乃為真名。金丹成就。無價貴寶。乃為真利。超度父母。時常親敬。乃為真恩。坎離相交。金木相並。乃為真愛。玉液瓊漿。菩提香膠。乃為真酒。嬰兒姹女。常會黃房。乃為真色。七寶瑤池。八寶金丹。乃為真財。絪縕太和。浩然回風。乃為真氣。這便是身中之八寶也。捨得外。而成得內。捨得假。而成得真。外培功內修果。動度人。而靜度己。以待日就月將。外功浩。大內果圓明。脫殼飛昇萬劫長存。方為得道。成道。了道。大丈夫之能事畢矣。

道心子詩曰。奉勸世人希聖賢。榮華富貴亦徒然。身中自有長生酒。體內不無養命錢。色即是空。空即色。仙為祖性。性為仙。乾坤聽得吾詩勸。急早回頭上法船。

無心道人詩曰。世人急早學仙家。不必苦貪酒色花。去假修真。真不假。掃邪悟道。道非邪。燒丹要捉山中鳥。煉汞當擒井裏蛙。會得此玄。玄妙理。凡夫管許步霞雲。

聖道圖

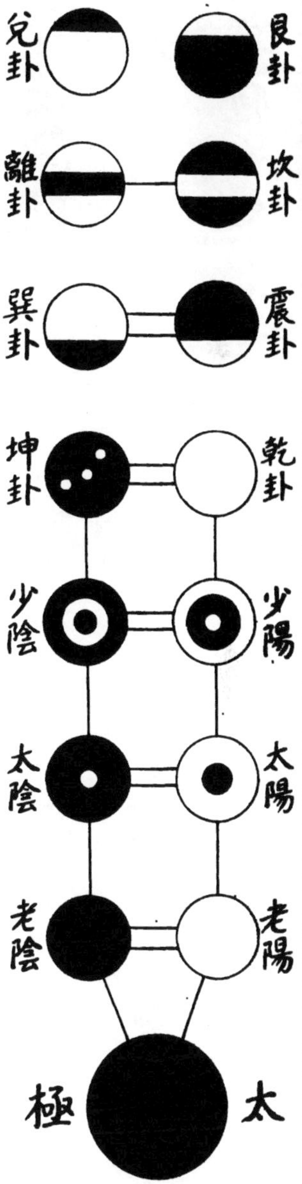

聖道品十五

為化眾生。名為得道。能悟之者。可傳聖道。☯註 為化眾生者。為者專意也。化者普度也。眾者一概也。生者男女也。勸化九六眾生。而回西也。名為得道者。名者聲揚也。為者助成也。得者受持也。道者工夫也。勸化眾生修道。功德浩大。自外而得之故曰。得道也。能悟之者。能是能為。悟是窮究。得了大道。總要窮理盡性。以至於命。勤參苦採。內外加功。可傳聖道者。可是可以傳。是度人。聖是高真。道是天機也。功圓果滿。領受天命。方可傳道。三期普度。道須人傳也。呂祖曰。人要度超凡世。龍要龍交出污泥。未領天命。不能傳道。儒云。畏天命。畏大人。畏聖人之言。小人。不知天命。而不畏也。何謂聖道。生身之本也。世人可知。生身之本乎。父母交後。懷胎一月。三百六十箇時辰。無極以成。其餘半月生陽。半月生陰也。又半月。無極一動。而生皇極之陽。又半月。無極一靜。而生皇極之陰。懷胎二月也。又半月。皇極一動。而生太極之陽。又半月。皇極一靜。而生太極之陰。懷胎三月也。又半月。太極一動。而生老陽。又半月。太極一靜。而生老陰。懷胎四月也。又半月。老陽一動。而生太陽。又半月。老陰一靜。而生太陰。懷胎五月也。又半月。老陽一靜。而生少陰。又半月。老陰一動。而生少陽。懷胎六月也。又半月。太陽一動。而生乾。又半月。太陰一靜。而生坤。懷胎七月也。又半月。太陽一靜。而生兌。又半月。太陰一動。而生艮。懷胎八月也。又半月。少陰一動。而生離。又半月。少陽一靜。而生坎。懷胎九月也。又半月。少陰一靜。而生震。又半月。少陽一動。而生巽。朦胎十月也。由無極而皇極。由皇極而太極。兩儀。四象。八卦。萬物周身三百六十五骨節。八萬四千毫毛孔竅。由無極聖道而生之者也

斗母元君詩曰。識得生身性自歸。無不為兮無不為。萬殊一本退藏密。生聖生凡在此推。

觀音古佛詩曰。可傳聖道領慈航。普渡羣迷煉性光。能悟先天清靜道。金仙不老壽延長。

玄女娘娘詩曰。聖道不傳湧沸濤。渡男渡女渡塵勞。五行四相全修就。頭載金冠赴九霄。

消長圖

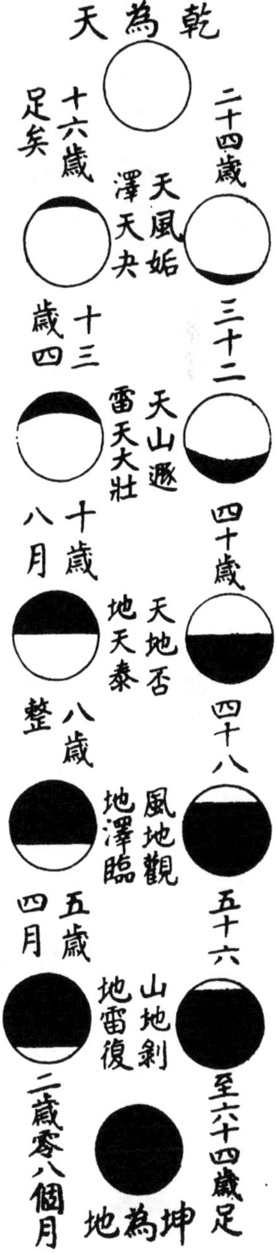

消長品十六

太上老君曰。上士無爭。下士好爭。

☯註　太者。大也。上者。尊也。老者。古也。曰者。說也。上士者。文學大德也。下士者。淺學執著也。無爭者。函容深厚也。好爭者。憤高好勝也。老君說。上士之心。即聖人之心。包天裹地。渾然天理賢愚盡包。和光混俗。自謙自卑。銼銳埋鋒。不露圭角。外圓內方。作事循乎天理。出言順乎人心。何爭之有。下士好爭者。下士亦是。好學之士無奈根基淺薄。學不到聖人之位。多有憤高執著。偏僻好勝。自是自彰。論是論非。故曰。好爭也。上士如進陽。君子道長也。下士如進陰。小人道長也。陰陽消長之理。進退存亡之道。亦不可不知也。人之初生時。身輭如緜。坤柔之象也。九百六十日變一爻。初生屬坤。至二歲。零八月。進一陽。變坤為復。至五歲。零四月。進二陽。變復為臨。至八歲。進三陽。變臨為泰。至十歲。零八月。進四陽。變泰為壯。至十三歲。零四月。進五陽。變壯為夬。至十六歲。進六陽。變夬為乾。六爻純陽上士之位也。此時修煉。立登聖域。以下九十六箇月。變一爻。此時不修。漸而成下士矣。至二十四歲。進一陰。變乾為姤。此時修煉。不遠復矣。如若不修。至三十二歲。進二陰。變姤為遯。此時修煉。容易成功。如若不修。至四十歲。進三陰。變遯為否。此時修煉。還可進功。如若不修。至四十八歲。進四陰。變否為觀。趁此能修。久而可成。倘若再不修。至五十六歲。進五陰。變觀為剝。趁此快修。困學可成。再若不修。至六十四歲。進六陰。變剝為坤。純陰無陽。卦氣已足。趁此餘陽未盡。若肯修煉。還可陰中返陽。死裏逃生。倘若再不修。待至餘陽已盡。無常至矣。一口氣不來。嗚呼哀哉。豈不是大夢一場。奉勸世人。勿論年老年少。總宜急早回頭。為妙耳。切莫死後。方悔欲修。可能得乎。

忍辱仙詩曰。上士無爭是聖功。分明三教共根宗。太和無礙太和妙。色相莫沾色相空。一月光横四海外。千江瑞映三才中。陽滿為仙陰滿鬼。時人不識此圓融。

渾厚子詩曰。清靜妙經處處融。無爭上士如虛空。但能體用相輝映。乃信乾坤闢混濛。萬象虛明含滿月。一真顯露協蒼穹。下爭上讓陰陽理。聖聖賢賢不一同。

道德圖

上德

中道

忠恕　儒　仁義禮智信

慈悲　釋　殺盜淫妄酒

感應　道　金木水火土

下德

凡道

道德品十七

上德不德下德執德。執著執者不名道德。

註　上德不德者。非是上德之士。反不重其德也。而上德為先天。五德俱全。在儒。以遵崇仁。義。禮。智。信。為德。以忠恕為行。在釋。以戒除殺。盜。淫。妄。酒。為德。以慈悲為行。在道。以修煉金。木。水。火。土。為德。以感應為行。德行全備。未染後天。以為上德。後

天返先天。亦是上德。本來自有。不待外求。故曰。上德不德
也。下德執德者。非是下德之士。反重其德也。而下德以染
後天。五德漸失。非執德之道。難以返其先天。何以為執德
知過必改。知罪必悔。戒刑殺以成仁。戒巧取以成義。戒邪
淫以成禮。戒酒肉以成智。戒妄語以成信。而仁。義。禮。智。信
五德。由免強而來。故曰。下德執德也。執著執者。不名道德。
何謂也。執為執拗。著為著相。不信陰功。不明道德。見人戒
刑殺。以放生靈。他言輕人身。而重畜物。見人戒盜取。以周
貧困。他言總空子。而填人債。見人戒邪淫。以保身體。他言

斷人慾。而無世界。見人戒酒肉。以明智德。他言那六畜。而係人喫。見人戒妄語。以講信實。他言只要心好。何必忍口。種種執固不通。難以盡叙。故曰不名道德也。豈不知。孔聖人所言。仁。義。禮。智。信。李老君治下。金。木。水。火。土。釋迦佛戒去。殺。盜。淫。妄。酒。是何言也。不戒殺。則無仁。而缺木。在天。則歲星不安。在地。則東方有災。在人。則肝膽受傷矣。不戒盜。則無義。而缺金。在天。則太白星不安。在地。則西方有災。在人。則肺腸受傷矣。不戒邪淫。則無禮。而缺火。在天。則熒惑星不安。在地。則南方有災。在人。則心腸受傷矣。不戒酒肉。則無智。而缺水。在天。則辰星不安。在地。則北方有災。在人。則腎胱受傷矣。不戒妄語。則無信。而缺土。在天。則鎮星不安。在地。則中央有災。在人。則脾胃受傷矣。哀哉。

天花真人詩曰。先天上德為純陽。若肯修行果是強。五德五元三寶足。何須執德苦勞張。

彩合仙詩曰。三教原來一理同。何須分別各西東。三花三寶三皈裏。五德五行五戒中。

何仙姑詩曰。道德真詮品最奇。全憑五戒立根基。憤高執著回頭想。莫等幽冥悔後遲。

妄心圖

妄心品十八

衆生所以不得真道者。為有妄心。

☯註　衆生所以不得真道者。天下男女名曰衆生。言衆性。投生下界也。真道乃先天大道。非三千六百旁門之比也。為有妄心者。亡女為之妄。夫人之心。屬乎離卦。離為女。又為日。日為心中天子。女本后妃之象。正直無私。光照天下。生化萬物。養育群生。

亡卻女。即亡卻真靈。真靈者日也。夫妄心。由何而起也。因
酒色財氣。名利恩愛所牽引也。妄想酒以養身。豈不知酒
中之害。迷真亂性。人身氣脈與天地同其昇降。週流循環。
一飲酒。氣脈不順。氣脈不順。則身中之星度錯矣。星度錯。
而壽元折也。妄想色以親身。豈不知色中之害。刮骨攝魂。
人身以精而生氣。以氣而生神。有此三寶。人方長壽。一貪
色。則精洩。精洩。不能生氣。氣衰不能生神。三寶耗散。而壽
元損也。妄想財。以肥家。豈不知財中之害。朝思暮想。苦勞
千般。把你一點精氣神耗散。縱有萬金之富。難買無常不

叫。一口氣不來。赤手空拳。分文難帶。罪孽隨性。四牲六道。轉變無休。深可嘆也。妄爭閑氣。以逞光棍。豈不知氣中之害。小事不忍。而成大事。或人命官非。牢獄枷鎖。傾家敗産。妻埋子怨。悔之晚矣。妄想名。以榮身。豈不知名中之害。習文以勞其心。習武以勞其形。碌碌一生。縱然官陞極品。難買長生不死。為忠臣。為良將。死後為神。為奸黨。為逆賊。死墮沉淪矣。妄想恩愛。以溫身。豈不知恩愛之害。你有銀錢衣食。妻則敬。子則孝。你若貧苦。妻必不賢。子必不孝。雖有賢孝者。必被妻恩子愛所累。一口氣斷。誰是妻。誰是子。所造之罪。自己抵擋。妻子雖親。亦難替你受其罪也。奉勸世人。將此假事一筆勾銷。如若不然。妄想神仙。不求大道。不去妄想。焉能成聖佛乎。

無垢子詩曰。去妄存誠儒聖云。榮華富貴似浮雲。豈知貧富前生定。何必碌碌勞骨筋。

無心道人詩曰。真靈不散名歸中。無識無知亦是空。只去妄心。不去道。千金口訣實難逢。

洗塵子詩曰。洗去塵心學佛仙。無思無慮甚悠然。不貪酒色和財氣。學箇長生壽萬年。

人神圖

人神品十九

既有妄心。即驚其神。

☯註　既者成也。有者實也。妄者動也。心者神也。即者定也。驚者觸也。其者此也。神者主也。此承上文而言。大凡修道之士。不可起妄念。妄心一動。驚動元神。元神藏心。心神藏目。圭旨云。天之神聚於日。人之神聚於目。心為諸神之主帥。眼即眾神之先鋒。夫人身之神。

共有六十四位。以應六十四卦之數也。人在受胎之初。先結無極。從無極以生太極。兩儀。四象。八卦周身百體。由一本而散為萬殊。生凡之道也。又從萬殊復歸六十四卦。又從六十四卦。總歸十六官。由十六官。總歸八卦。由八卦。總歸四象。由四象。總歸兩儀。由兩儀。而歸太極。無極。由萬殊。復歸一本。生聖之道也。不知修道之士可曉一本否。倘若不知。積德感天。明師相遇。指示一本大道。每日守定。一本。不使元神。遷移萬殊。有何妄心而驚神也。神不驚。則六十四位人神。混合元神。而元神得衆神之混合。其光必大。其神必旺。神旺則性靈。而神仙之道畢矣。再得九轉玄功。煉成陽神。名為大羅金仙。再得外功培補。昇為大羅天仙矣。夫一本九轉須待師傳。而身中一十六官。略露春光可矣。心為君主之官。神明出焉。眼為鑒察之官。諸色視焉。口為出納之官。言語出焉。耳為採聽之官。衆音聞焉。鼻為審辨之官。香臭識焉。肝為將軍之官。謀慮出焉。肺為相傳之官。治節出焉。脾為諫議之官。周知出焉。腎為作強之官。伎巧出焉。膽為中正之官。決斷出焉。胃為倉廩之官。五味出焉。膻為臣使之官。喜樂出焉。小腸為受盛之官。化物出焉。大腸為傳導之官。變化出焉。膀胱為州都之官。津液出焉。三焦為決瀆之官。水道出焉。此十六官為身中統帥之神也。十六官之中。惟心一神。乃身中之王。封眼耳鼻舌為四相。其餘次之。勿論千神萬神。皆聽天君之命也。

白祖仙師詩曰。墮落紅塵不記年。皆因妄念迷青天。若非師指歸元始。那得凡身做上仙。十惡斷時三業淨。六根空處五行全。老君金口明明示。萬劫千秋永正傳。

文昌帝君詩曰。妄念驚神散萬方。魂歸地府失真陽。寒冰惡浪層層陷。劍樹刀山處處傷。一念回春修道力。三田氣秀得丹香。勸君急早歸清靜。不枉人間鬧一場。

萬物圖

萬物品二十

既驚其神。即著萬物。

☯註　既者事過也。驚者不安也。神者元神也。即者就此也。著者執固也。萬者包羅也。物者各體也。夫人有妄心。則元神隨識神而牽引。不是想著天上萬物。便是想著地下萬物。不是想著世上萬物。便是想著人身萬物。而天上萬物。不過日月星辰。風雲雷雨。八字以包其餘也。地下萬物。不過山川草木。五行四生。八字以包其餘也。世上萬物。不過名利恩愛。酒色財氣。八字以包其餘也。人身萬物。不過五行八卦。地水風火。八字以包其餘也。天之萬物。地之萬物。人之萬物。總歸先天八卦之所生化者也。夫先天八卦。對待之理。乾南坤北。離東坎西。四正之位也。震東北。巽西南。艮西北。兌東南。四隅之位也。此謂卦之相對也。乾之三爻陽。而對坤之三爻陰。名曰天地定位也。震之下一陽。中上二陰。而對巽之下一陰。中上二陽。名曰雷風相搏也。坎之內一陽。外二陰。而對離之內一陰。

外二陽。名曰水火不相射也。艮之上一陽。中下二陰。而對兌之上一陰中下二陽。名曰山澤通氣也。此謂爻之相對也。卦爻相對。乃先天。而天弗違。成聖之道也。從鴻濛分判之後。乾之中爻陽。去交坤之中爻陰。變坤為坎。坤之中爻陰。來交乾之爻陽。變乾為離。坎之上爻陰去交離之上爻陽。變離為震。離之下爻陽。來交坎之下爻陰。變坎為兌震之中上二陰。去交巽之中上二陽。變巽為坤。巽之上爻陽。下爻陰。來交震之上爻陰。下爻陽。變震為艮。艮之上爻陽。下爻陰。去交兌之上爻陰。下爻陽。變兌為巽。巽兌之中下二陽。來交艮之中下二陰。變艮為乾矣。故離南坎北。震東兌西。乾居西北。巽居東南。艮居東北。坤居西南。先天變為後天。後天者。流行之氣。故後天而奉天時。延命之術也。所以不知先天。無為之道。後天有為之術。故不能成仙者此也。

康節夫子詩曰。萬物原來在一身。天文地理亦同親。凡夫不究源頭理。性入幽冥骨葬塵。

程夫子詩曰。世人找得先天初。返本還原一太虛。妄念不生歸太極。雷鳴海底現鰲魚。

子思夫子詩曰。不生妄念不驚神。焉能著物昧天真。勸君急訪靈明竅。養性存心學聖人。

貪求圖

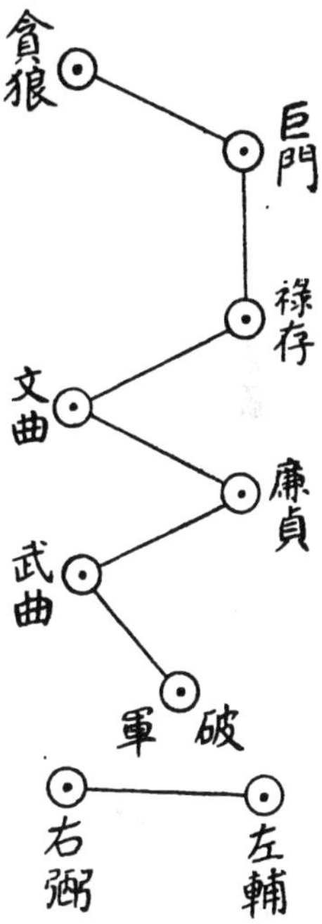

貪求品二十一

既著萬物。即生貪求。☯註　既是既已。著為著相。萬是萬般。物為事物。即是即。要生為生。心貪是貪。妄求為苟求。這乃承上而言也。夫人心。一著萬物。牽引便隨萬物。起貪心。貪心一起。必想去求。此是人慾之心。便屬後天八卦所管。人之貪慾。世上難免。惟有仙根佛種。靈性不昧。以富貴如浮雲。以酒色似剛刀。將後天返為先天。此為上等之人。千萬之中而選一也。其有中下之輩。便係後天八卦所拘束。不能從後天而返先天。從洛書以返河圖者也。夫貪心乃北斗第一星。名號貪狼。尤如狼虎一般。修仙之士。若不去此一星。則大道難成也。何矣。後天洛書。二四六八十屬陰。既屬陰。便生貪求。地六屬癸水。為交感之精。其性愛貪求美色。地二屬丁火。為思慮之神。其性愛貪求榮貴。地八屬乙木。為氣質之性。其性愛貪求富豪。地四屬辛金。為無情。其性愛貪求酒肉。地十屬己土。為私意之神。其性愛貪高大。此為後天之五魔。以消身中之五行也。第一貪淫以傷精。則水虧也。第二貪財以傷性。則木虧也。第三貪貴以傷神。則火虧也。第四貪殺以傷情。則金虧也。第五貪勝以傷氣。則土虧也。五行一虧。其身焉可立乎。奉勸天下男女。切莫進此五魔之陣。以後天而返先天。將坎中一陽。返回離卦中爻。變離為乾。將離中一陰。返回坎卦中爻。變坎為坤。將震上一陰。返回兌卦初爻。變兌為坎。將兌下一陽。返回震卦上爻。變震為離。將乾上中二陽。返回坤卦上中爻。變坤為巽。將坤中下二陰。返回乾卦中下二爻。變乾為艮。將艮上陽下陰。返回巽卦。上下二爻變。巽為兌。將巽上陽下陰返回艮卦。下上二爻變。艮為震。抽換爻象。後天返為先天矣。五魔化為五元。洛書返為河圖。可為天下之奇人也。

紫微大帝詩曰
太上老君妙道玄。尊經一部即真傳。三花三寶本元炁。五賊五魔屬後天。換象抽爻息火性。安爐立鼎煉金丹。不貪不妄隨時過。一日清閑一日仙。

斗口夫子詩曰
先天變後後先天。聖聖凡凡不一般。富貴榮華如電灼。妻恩子愛似硝燃。不貪自有命為主。守道何無神助緣。一性不迷塵境滅。空中現出月輪圓。

煩惱圖

煩惱品二十二

既生貪求。即是煩惱。煩惱妄想。憂苦身心。

☯註　既生貪求者。既為業已。生是動心。貪為好勝。求是苦心也。即是煩惱者。即為便是。是乃如此。煩為心燥。惱是嗔恨也。煩惱妄想者。煩為事繁。惱是有氣。妄為痴心。想是思慮也。憂苦身心者。憂為愁慮。苦是勞勤。身為形體。心是君主也。因世人。

不能看破名利恩愛。酒色財氣。所以即被。六塵六賊之所染也。貪求榮貴者。不得榮貴而生煩惱。已得榮貴。又從榮貴中生出許多煩惱也。不如看破名字。誠心修道。道成之日。名揚天下。以成萬古之名也。何等貴哉。道德經曰。雖有拱璧。以先駟馬。不如坐進此道。至聖曰。富與貴。是人之所欲也。不以其道德之。不處也。貪求財利者。不得財利。而生煩惱。以得財利。又從財利中生出許多煩惱也。不如看破利字。誠心修道。而身中之精氣神三寶。乃為法財。能買性命。益壽延年。何有煩惱之生也。至聖曰。富貴於我如浮雲。

中庸曰。素貧賤行乎貧賤。孟子曰。貧賤不能移。又曰。君子憂道不憂貧。貪求美色者。不得美色。而生煩惱。已得美色。必有恩愛。又從恩愛中。生出許多煩惱也。不如看破色字。誠心修道。自己身中現有嬰兒姹女。每日常近常親。坎離相交。金木相並。多少滋味。難以言傳。異日道成。仙女同儔。何等尊重。至聖曰。血氣未定。戒之在色。呂祖曰。二八佳人體似酥。腰間仗劍斬愚夫。雖然不見人頭落。暗地教君骨髓枯。至於鬭氣。乃是不忍。從是非中。生出許多煩惱也。不如看破氣字。誠心修道。而養身中。三花五氣。浩然剛氣。太和元氣。結成金丹。縱有煩惱。化為烏有矣。至聖曰。血氣方剛。戒之在鬭。又曰。持其志。無暴其氣。至於一切不如意處。便生煩惱。我以一空字。以虛其心。焉受煩惱之災乎。

紫陽真人詩曰。勿貪酒色。勿貪錢。富貴窮通總隨緣。色即是空空即色。煙生於火火生煙。醍醐灌頂卻煩惱。取坎還離掃慾牽。一念歸中塵境滅。養顆明珠似月圓。

邱祖詩曰。不貪名利不貪花。每日終朝臥彩霞。肚飢猿猴獻桃菓。口乾龍女送蒙茶。勝如漢口三千戶。賽過京都百萬家。奉勸世人早惺悟。掃開煩惱煉黃芽。

生死圖

河圖生

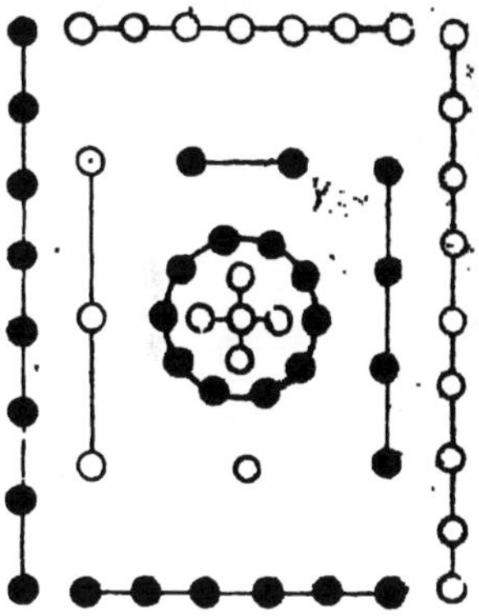

洛書死

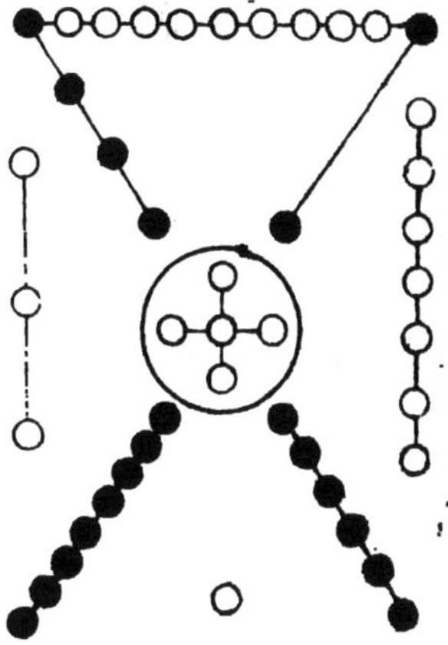

生死品二十三

便遭濁辱。流浪生死。常沈苦海。永失真道。☯註 便者。定要也。遭者。逢臨也。濁者。下賤也。辱者。欺凌也。便遭濁辱者。是言人生在世。貪心不了。名利恩愛之中。便是煩惱憂愁。種種波滔。但失陷處。必受五濁之辱也。流者。沉下也。浪者。重疊也。生者。河圖也。死者。洛書也。流浪生死者。言人在世。

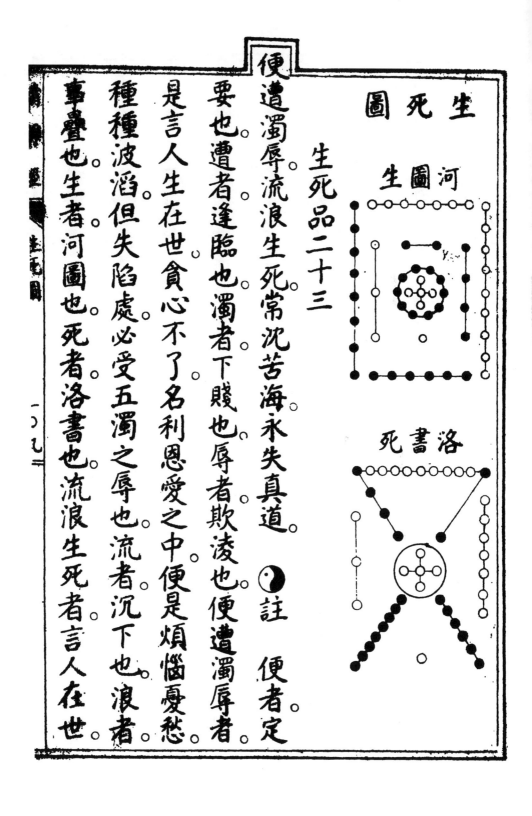

迷於酒色財氣。不知生從何來。死從何去。夫生仙生人之道者。河圖而已矣。人生之初。秉父母之元氣。而結一顆明珠。名曰無極。得父母之精血。名曰太極。天一生壬。在上生左眼瞳人。在下而生膀胱。地二生丁火。在上生右眼角。在下而生心。天三生甲木。在上生左眼黑珠。在下而生膽。地四生辛金。在上生右眼白珠。在下而生肺。天五生戊土。在上生左眼眼皮。在下而生胃。地六成癸水。在上生右眼瞳人。在下而生腎。天七成丙火。在上生左眼角。在下生小腸。地八成乙木。在上生右眼黑珠。在下而生肝。天九成庚金。

在上生左眼白珠。在下生大腸。地十成己土。在上生右眼皮。在下而生脾。由此而五臟。由此而六腑。以至周身三百六十五骨節。八萬四千毫毛孔竅。莫不由河圖而生之也。凡如此。此生聖亦如此也。夫人死之由洛書而已矣。從先天之河圖。以變後天之洛書。又從洛書中央土。去尅北方水。則腎虧矣。北方水。去尅南方火。則心虧矣。南方火。去尅西方金。則肺虧矣。西方金。去尅東方木。則肝虧矣。東方木。去尅中央土。則脾虧矣。五臟一虧。以至六腑百體。俱皆衰矣。不死有何待哉。此死彼生。如波浪一般。故曰流浪生死也。常沈苦海者。言酒色財氣。為四大苦海。若不掃除。焉能不沉苦海者哉。永失真道者。因迷昧四字。常沉苦海。連人身難保。何能言道。豈不永失真道矣。深可嘆哉。

長生大帝詩曰。識破河圖早下功。還原返本一真宗。但能闢出洛書綱。壽比南山一樣同。

薛道光詩曰。苦勸人修不肯修。常沉苦海為何由。百年富貴電光灼。口氣不來萬事休。

翠虛真人詩曰。老君清靜度人經。指出身中日月星。生死死生由自主。佛仙仙佛在心靈。

超脫圖

超脫品二十四

眞常之道。悟者自得。得悟道者。常清靜矣。

☯註　眞者落實也。常者中庸也。之者行持也。道者無極也。眞常之者所言先天大道。乃為眞道。三千六百旁門。乃為假道。眞道者正心修身之道也。假道者索隱行怪之道也。悟者窮究也。自者定然也。得者領受也。悟者自得者人能窮究性命訪拜至人。指示修性修命之大道。返本還原之秘訣。方是悟者。自得也。非是教你在紙上窮悟。可能得乎。古云。達摩西來一字無。全憑心意用工夫。若要書中尋佛法。筆尖蘸乾洞庭湖。悟真篇曰。任君聰慧過顏閔。不遇明師莫強猜。皆此之謂也。得悟道者。是善人積功累行。感動天心。明師相遇。低心求領大道。時常參悟其理。晝夜苦修其道。不可半途而廢。只待功果圓成。丹書下詔脫殼飛昇。方為了當。這纔是訪道。求道。得道。悟道。修道。守道。成道。了道。有此八箇道字。大丈夫之能事畢矣。常清靜者。常為永遠清。為圓明。

靜為安甯也。言道成德備功圓果滿。陽神沖舉。三官保奏。仙童接引過九霄。上玉京。見諸佛。謁　上帝。會衆祖。朝金母。照功之大小。以定品級。依果之圓缺。而封天爵仙衣綬帶。以榮其身。玉菓瓊漿。以滋其腹。三乘九品。依功而定。五仙八部。看果而贈。或居中天。或居西天。皆是極樂。或居三十六天。或居七十二地。盡為福地。或居三清。或居十地。概屬清靜。高高低低。大大小小。依功定奪。毫無私屈。隨緣隨分。享受清靜之福。豈不美哉。豈不樂哉。不枉為人出世一場。這纔是大丈夫人上之人也。至此。則常清靜矣。

无始天尊讚曰。清靜妙經是上乘。修行男女可為憑。金科玉律相同契。九六乾坤冉冉昇。

靈寶天尊讚曰。急尋清靜悟真空。收性回西莫轉東。採煉丹功果就。超凡脫殼謁蒼穹。

降生天尊讚曰。清靜經圖最為先。度人寶筏一慈船。經文點破生死竅。註解掀開井中天。

蓋天古佛讚曰。清靜寶經至妙玄。多蒙天一註成全。有人得會經中理。三教凡夫居寶蓮。

老君清靜經註解全部終

太上老君日用妙經

老君曰。日用者。飲食則定。鎮日獨坐。莫起一念。萬物俱忘。存神定意。口脣相黏。齒牙相著。眼不視物。耳不聽聲。一心內守。調息綿綿。微微輕出。似有如無。莫教間斷。自然心火下降。腎水上升。口內甘津自生。靈真附體。自知長生之路。十二時辰。常要清淨。靈臺。無物謂之清。一念不生謂之淨。身是氣之宅。心為神之舍。意行則神行。意住則神住。神住則氣聚。五行真氣。結成刀圭。自然身中有身。行住坐臥。常覺身體如風之行。腹內如雷之鳴。沖和氣透。醍醐貫頂。自飲刀圭。耳聽仙音。無絃之曲。不撫而自聲。不鼓而自鳴。神氣相結。如男子懷胎。得觀內境。神自言語。是虛無之宅。與聖同居。結成大丹。神自出入。與天地同年。日月同明。脫離生死矣。

每日休教有損失。十二時辰。常要清淨。氣是神之母。神是氣之子。如雞抱卵。切要存神養氣。能無離乎。妙哉。玄之又玄。人身中有七寶。是為富國安民。精氣盈滿也。故曰。心腎氣血腦精髓。是為七寶。歸身不散。煉成大丹。萬神盡登仙矣。

玉皇心印妙經

上藥三品　神與氣精　恍恍惚惚　杳杳冥冥　存無守有　頃刻而成
迴風混合　百日功靈　默朝上帝　一紀飛昇　智者易悟　昧者難行
履踐天光　呼吸育青　出玄入牝　若亡若存　緜緜不絕　固蒂深根
人各有精　精合其神　神合其氣　氣合體真　不得其真　皆是強名
神能入石　神能飛形　入水不溺　入火不焚　神依形生　精依氣盈
不凋不殘　松柏青青　三品一理　妙不可聽　其聚則有　其散則零
七竅相通　竅竅光明　聖日聖月　照耀金庭　一得永得　自然身輕
太和充溢　骨散寒瓊　得丹則靈　不得則傾　丹在身中　非白非青
受持萬遍　妙理自明

修道真言

修道人：心要空。勞勞碌碌苦無窮。
成易敗。少轉翁。世態無常若夢中。利鎖名場埋俊傑。
愛河苦海喪英雄。急求道。早加工。跳出迷途四路通。

修道人：心要閒。休將凡事積心田。
貪嗔罣。恩愛纏。喪卻殘生是孽緣。兩手撥開迷人網。
一脚跳上護身蓮。登彼岸。上慈船。透出虛無天外天。

修道人：心要强。逃出牢籠躲無常。
開利鎖。脫名韁。捨生拌死上慈航。一拳打碎癡呆膜。
雙劍剖開愛慾鄉。學鐵漢。煉金剛。看破虛花夢一場。

修道人：心要明。訪拜明師要虔誠。
求解脫。了生死。採藥煉丹有定評。拜問性根歸實地。
跪求妙道煉元精。道看重。師莫輕。不忘根本易修成。

修道人：心要低。低心下氣敬三師。
求指示。決猜疑。虛心受教事事知。參求剝復通消息。
講究乾坤運轉移。抽添妙。顛倒奇。講明火候是根基。

修道人：心要超。超羣拔俗出塵囂。
宜守戒。莫逞刁。惹下罪孽禍難消。積善修因功自得。
毀齋破戒罪難饒。急惺悟。學逍遙。脫殼歸西上九霄。

修道人：心要堅。參禪打坐莫貪眠。
瞠開眼。揑定拳。睡魔降住莫昏顛。煉就純陽身不壞。
戰退羣陰性自全。調神氣。煉汞鉛。巍巍端坐紫金蓮。

修道人：心要純。掃除雜念養天真。
分清濁。定主賓。丹爐藥物要調勻。八卦爐中調火候。
五行山上煉元精。運週天。轉法輪。煉個金剛不壞身。

修道人：心要開。心花開放見如來。
嬰兒動。姹女催。全仗黃婆意做媒。仙境未開筵壽酒。
洞房先勸合歡杯。換仙骨。脫凡胎。產個金身坐蓮臺。

修道人：心要幽。逍遙快樂度春秋。
開覺路。步瀛洲。青龍白虎兩邊遊。洞裏乾坤施造化。
壺中日月運週旋。真洒洒。少憂愁。同登極樂永無憂。

修道人：心要高。紅塵看破掃塵勞。
勤修煉。勵節操。脫離煩惱出籠牢。五蘊皆空真自在。
六塵不染是英豪。脫胎襖。換仙袍。超出三界樂陶陶。

修道人：心要奇。廣行方便任施為。
通權變。達時宜。行持舉動學慈悲。積功累行終無怠。
見性明心定有期。開智慧。破愚癡。千變萬化少人知。

修道人：心要真。斬金切鐵別紅塵。
耐困苦。受艱辛。受得魔難是原人。任憑浪起風難定。
穩坐慈航心是純。功成滿。道德伸。丹書下詔接陽神。

修道人：心要清。間是間非總莫爭。
過六慾。絕七情。修行功莫發無明。除盡皮毛心上病。
保全溫厚意中誠。損高花。意氣平。總無障礙自然成。

修道人：心要和。莫結冤仇免受磨。
三自反。兩平和。一團和氣盡包羅。若掃三心真古佛。
能飛四相即彌陀。好緣法。莫蹉跎。廣結良緣納福多。

修道人：心要安。休言容易莫畏難。
寒添服。飢加餐。調和身體煉金丹。果滿自然超上界。
功圓必定透雲端。收圓早。普度寬。同登彼岸大家歡。

此經若能虔誠持誦實力奉行
凡求財求子求疾病平安皆獲
靈應諸同人因鳩資精刻倘善
信有力者隨願印送功德無量

公元一九八八年歲次戊辰仲秋

太上老君清靜經註解

北京白雲觀翻印

太上老君說常清靜經註

左右街弘教大師傳真天師賜紫廣成先生杜光庭註

是五

太上老君

太者大也、上者尊也、高真莫先、衆聖共尊、故曰太上。老君、老者壽也、明老君修天修地、自然長壽、故曰老也。君者尊號也、道清德極、故曰君也、以明老君爲衆聖之祖、真神之宗、一切萬物莫不皆因老君所制、故爲宗祖也。

說常清靜經

此明清靜之理、且常者、法也。常能法、則此經清靜也、情者元也、靜者氣也、經則法也、一則為聖人之徑路、二則為神仙之梯櫈、凡學道之人皆因經戒而成真聖、聖人未有不假經戒而立、不因元氣而成道者也。

此一章之句、分為三段、先明無形之道、次說運行之理、下明無名之法。第一明大道無形、第二明大道無情、第三明大道無名。第一明大道無形、能匠成天地、分判清濁。

老君曰大道無形生育天地

道者開口動舌，發言之詞也。又云道者，虛無之炁也，混沌之宗，乾坤之祖，能有能無，包羅天地，道本無形，莫之能名，無形之形，是謂眞形，無象之象，是謂眞象，先天地而不爲長，後天地而不爲老，無形而自彰，無象而自立，無爲而自化，故曰大道。經云視之不見，故曰無形。杳杳冥冥，其中有精，混混沌沌，分爲陰陽，故爲天地也，育者養也，長養陰陽，故爲生育也。陽者清也，上騰爲天，陰者濁也，下潛爲地，天地者乃大道之子也。此一段明無情而運行陰陽之用也。

日月者是陰陽之精氣也。

大道無情運行日月

自無而生有，造化以成形，故天無精氣，無以制日月之明，地無精氣無以制山嶽鎮焉，人無精氣無以制身形之存焉，故日日月稟陰陽之所運行，故知道之無情，隨機而所化，又云天何言哉，四時行焉，地何言哉，萬物生焉，經云用之不可既，無情而運行日月也。日月者大道之用也。此一段明

無名而萬物自生長養萬物

大道無名長養萬物

故元氣無形不可名也經云道隱無名乃生於天地故曰道生一一生二二生三三生萬物萬物者五行之子孫也三才者萬物之父母也道者三才之祖宗也故元氣清靜不可常名也凡學道之人且在觀宗察行若能智性無礙可以登涉大道之徑游於三才之外常人無所能知也前章明無形無名故能運行於日月此兩句乃是

太上之自稱無名之名強名爲道也。

吾不知其名強名曰道

吾者我也此明太上自言吾不知其名強名曰道此故亦明上德不德是以有德之義也老君匠成天地開闢乾坤變化萬物不言我爲緣道法自然不能名號一則從有入無或從無入有隱顯無方存亡自在豈有常名之稱焉故經云吾不知誰之子象帝之先又云吾不知其名字之曰道前兩句明太上之所自稱緣道無名此後九

句、明大道尊卑之體、以元炁清靜、以天地男女爲喻、就此章中分爲三段、第一明道分清濁、動靜之喻、第二明天地男女動靜之機、第三明萬物本末之由。

夫道者有清有濁有動有靜

清者天也、正陽之炁上騰爲天、濁者地也、正陰之炁下結爲地。夫者發語之詞也、夫道能清能濁、能動能靜、以至大道無測、常名清濁、動靜皆爲至道之用。凡曰學道之士、若能明動靜之炁、安其位、則至道自來歸之動靜合宜故為正色也此四句與前三句俱明清濁動靜之理并後二句共成一章以契至道尊卑之位本末之由於三段之中第二段明男女清濁之用動靜之機

天清地濁天動地靜男清女濁男動女靜

列子曰天積炁爾地積塊爾天地相連終不相離自地以上皆是天也有諸天諸地其名不一四面八天上有三十二天三十二帝皆清炁也下有九地九地之下謂之

風水風水之下冥冥不測自九地之上上至諸天皆出混元之圖也。上清經云諸方各有五億五萬五千五百五十重天天地之數亦然此乃以彰至道之尊大無不包細無不納也。男者陽也女者陰也夫人在於母腹之中受胎之日皆稟天地陰陽之炁以成其形稟天地純陽之炁者以成其男十月之中常在母左腋下者男也稟天地純陰之炁者以成其女十月之中常在母右腋下者女也女之水性極陰之炁故爲靜也，男之火性極陽之炁，故爲動也。動者飛昇上應於天，靜者濁滯下應於地，故云天尊地卑，乾坤定矣。男尊女卑，陰陽分矣。故曰男動女靜。此二句明本末之由，與前七句合爲一章，義分三別

降本流末而生萬物

本者元也，元者道也，道本包於元炁，元炁分爲二儀，二儀分爲三才，三才分爲五行，五行化爲萬物，萬物者末也。人能抱元守一，歸於至道，復於根元，非返於末，末者化

也本者生也人能歸於根本是謂調復性命之道者也。南華眞經云生者神凝也死者物化也人能歸眞神歸眞神是謂返本還源不可逐物也。此一段四句明清濁之源動靜之基人能有道道自然皆歸。

清者濁之源動者靜之基人能常清靜天地悉皆歸

清者天之炁也濁者地之炁也皆因清濁之炁生育萬物世人若求長生之道鍊陰爲陽鍊凡成聖皆因清自濁之所生動因

靜之所起清濁者道之別名也學仙之人能堅守於至道一切萬物自然歸之故西昇經云江河淮海非欲於魚鼈蛟龍魚鼈蛟龍自來歸之人能清虛寡欲無爲非欲於至道至道自來歸之於人但能守太和元炁體道合真萬物悉皆歸耳此四句明心神本來清靜皆因世欲之所牽也

夫人神好清而心擾之人心好靜而欲牽之

神者妙而不測謂之神心者神也神者心也心擾則神動神動則心浮心浮則欲生

欲生則傷神、傷神則失道。人能調伏其心、內安其神外除其欲則自然清靜。謂下文也此一段四句明修行之功。遣欲澄心自然清靜也。

常能遣其欲而心自靜澄其心而神自清

遣者去除之喻也。人能去其情欲、內守元和自然心神安靜、心既安靜世欲豈能生焉故引西昇經之言所謂教人修道即修心也。教人修心即修道也。故以令人絕利一源、修真養性次保心神安樂、故聖人云修真養性，就神扶命，則離苦昇樂，福慶延流，而成真道矣。此兩句為一段，明修真至神，六欲三毒自然消滅。

自然六欲不生，三毒消滅

六欲者，六根也。六根者，是眼耳口鼻心意也。欲者，染著之貌，情愛之踰，觀境而深，謂之欲。故眼見，耳聞，意知，心覺也。人若能斷其情，去其欲，澄其心，忘其慮，而安其神，則六欲自然消滅，豈能生乎。內神不出，六識不動，則六根自然清靜，故不生也。三毒消

滅，三毒者三塗之根，三業之祖也。三者身
心口也。人有身時，身有妄動之業，心有妄
思之業，口有妄語之業。此三業又爲三毒。
又云三毒者乃三尸也，彭琚、彭瓆、彭矯。上
尸好華飾，中尸好滋味，下尸好淫欲。人若
能斷得其華飾，遠其滋味，絕其淫欲，去此
三事，謂之曰三毒消滅。三毒既滅，則神和、
炁暢、精固，三元安靜，三業不生，自然清靜。
三元者，上元、中元、下元也。上爲三境，生於
萬物天下。三元掌人性命，且上元主泥丸，

腦宮爲上丹田，中元主心府，絳宮則爲中丹田，下元主炁海，屬腎宮爲下丹田，此之三元。上主於神，中主於炁，下主於精，故乃掌人之性命也。人若能絕其三業，保此三宮，更辯四時之炁，運轉精華，往來無窮，則三丹田固實，萬和柔順，心若太虛，內外貞白，皆因三尸消滅，除假留真，乃爲清靜之道矣。前明修真至神，六欲三毒自然消滅，此明迷惑未斷，而心有所染著，故未能窮於妙用。

所以不能者爲心未澄欲未遣也

人若能去前三業則三尸滅三尸滅則保其三丹田三丹田固實則炁通暢往來無窮即無世欲牽心故爲清靜之道若未能專勤志意澄心絕慮則心不能内修至道難窮妙用之理則無所制伏於心猿即漸失精神精神既失則六根妄起世欲牽纏此謂自不能解於生死之羅難出輪迴之網者也前章明能與不能修習此章獨明能修而不著破執而成真九句正經義分

第九

三別合爲一段

能遣之者內觀其心心無其心

人能斷情絕貪去欲即無三業之罪不以專志修於內行守於絳宮自內觀己心心者火也故引內觀經之言心者火也南方太陽之精主於火也上應熒惑下應心也心爲絳宮者神也妙用不測變化無定神明依泊三業如蓮花又云制之則正放之則狂清靜則生濁躁則亡明照八表暗迷一方故使學人可以觀之者心處於形內

不以形觀心既使形觀則爲二義形者舍也心者主也舍不能觀主故不可觀也可使神觀心神者炁之子炁者神之母但心意引炁存神而觀之自然感應何以知之古德云爲使炁神神之與心炁之與道不相遠離故聖人設法教人修道即修心也修心即修道也心無所著即無心可觀既無心可觀則無所用無所修即凝然合道故心無其心乃爲清靜之道矣

外觀其形形無其形

心者形之主，形者心之舍，形無主則不安，心無舍則不立。心處於內，形見於外，內外相承，不可相離。心形俱用，不可觀執。凝然混沌，有若無形，亦非無也。若非無心，豈能忘於形體乎。心忘形體，故曰無心。本經云：吾有大患，爲吾有身，及吾無身，吾有何患。心之與形，動無所滯，靜而無著，此謂形無其形也。

遠觀其物，物無其物

五行造化謂之物，又云塊然有凝謂之形，

凡有形質者，俱謂之物也。物無其物者，謂之眞眞空也。本經云怳兮惚兮，其中有物，物者道之妙用也，非世之常物。

三者既悟唯見於空

三者心、形、物也，內外中間俱無所著，是名無爲。既入無爲，是名空法。空者道之用也，有用有著，不名於道矣。前一段分三事，此一段獨明無空，寂雖名空，寂之理則俱無所著，即爲眞道也。此一章六句合爲一段

觀空亦空空無所空

第十一

空者真空也空法之相乃有二種有大空有小空大空者無爲不爲之理小空者破有歸無以無爲爲無是名小空此二空俱無即自然不染正性乃成真道也空無大小亦無所去有著即顯無著即隱空法之相即隨影而見形若言無見即斷滅其法長存如水似鏡在人之身掌人之性命凡居有質皆藉道以成形一切物類無不從道而生大道坦然常存於物非爲斷滅者也

所空既無，無無亦無，

空者亦非大非小喻如道性本無長短，亦無塵垢悟即謂之眞空不悟謂之假相，非爲至道上清經云空假之相，還復成假，亦非爲假道法自然本無空假，天尊慈悲乃立空假之相善巧方便，隨機應化，教導人天皆歸至道，所說空相亦非空相空相是道之妙用應道用即有不用，即無非無非有非名爲道道本無形之形眞之能名德本無象之象是謂眞象杳杳冥冥，其中有

精其精甚眞非無爲也萬法俱無是爲空
無空無之道亦非自然破此空無還歸於
無無也。

無無旣無湛然常寂

無無者無執也雖無執見歸於寂法寂法
亦無非爲寂也亦非空也亦非無也非空
爲空謂之眞空非無爲無是無中之法法
亦俱無歸於眞寂眞寂亦無非爲無法不
有不無非空非色假名稱見化導衆生種
種分別皆爲執見執見旣無名曰自然淸

靜非為空寂之法、空寂既無、則湛然常存、豁然無礙、即謂之真常之道也。前六句明空寂之理、此一段四句明空寂俱無、自然無欲、即成真道也。

寂無所寂、欲豈能生

此明法相皆歸寂滅、真道自然長存不去、無著無欲、自然成道也。

欲既不生、即是真靜

真靜者、自然無欲也。有欲則患生、無欲則道生、本經云、吾有大患、謂吾有身、及吾無身吾有何患無身者無欲也。無欲謂之眞身眞身者道身也。前四句明無欲無寂此四句明眞性之道隨機應物無所不應自然清靜。

眞常應物

是五　十一

眞者體無增減謂之眞常者法也常能法則謂之眞常之法也。法則眞常應物隨機而化導衆生無所不應於物道之物也。常者道之法也應者道之用也法用無有皆爲常道常道之中自有眞應之道故云眞常應物，道之妙用也。

眞常得性

凡欲得成眞性，須修常性，而爲道性。得者動也，動其本性，謂其得性也。

常應常靜，常清靜矣

既在道性，本求清靜，自然應物，常用於世，無染無著，無垢無塵，隨機而化。本經云：上善若水，水善利萬物。又云：和其光，同其塵，湛兮似或存。存者，道也。本清靜，常應而無所不應，隨方而無所不靜，故云常清靜矣。

此一段六句標前清靜之性道性既清靜乃得真性既得真性返歸於無得之理也

如此清靜漸入真道

此言清靜之性名為真道經中不言令人須假性修漸進而成真也真者能長能久不增不減與天地齊壽故為真道也。

既入真道名為得道

既入真道名悟修真鍊凡成真鍊真成神神真者道也故與天地同壽日月齊明造化萬物故名為得道也。

雖名得道實無所得

道者無得無失，亦無常形，本經云道本無形，莫之能名，故云雖名得道實無所得也，大道常存，亦無去住，又云上德不德，是以有德，前明眞性之道，返歸無得之理，此明大聖立教，以無名之名，強名爲道，教導人天，應接羣品，雖無正形，悟者必得。

爲化衆生名爲得道

化者返以守眞謂之化，化者，是遷變之義，遂換應見之名，化別種種應見容儀有無莫測、誘化時人。誘化者、指事爲喻、恒勸開悟教道之名、普令後學之人捨惡從善惜身保命、故要歸於聖教、只如太上西化流沙八十一國、亦法視相、或見大人身長千丈、或見小人身長丈八、變見無方、易形改號、或爲金仙、或曰梵仙、隨方設化、同體異名、教人修道、去妄成眞、乃立清靜之教、皆爲化也。應見降生於太清渦水之右、眞源之左、九井長存、雙檜猶在、見其道相以化人、天又聖紀經云、老君自上古混沌初分、或以未分開闢天地安置日月星辰分配五行造化萬物代代不休爲天王之師時人莫能知之非獨爲西國演化所言道本自然無所不入十方諸天莫不皆弘至道普天之内皆爲造化蠢動含生皆有道性若能明解即名爲得道者也

能悟之者可傳聖道

悟者覺也猶通也通者達也凡學仙之士若悟眞理則不以西竺東土爲名分別六合之内天上地下道化一也若悟解之者

亦不以至道爲尊、亦不以象教爲異、亦不以儒宗爲別也。三教聖人所說各異、其理一也。本經云同出而異名。又云道生一、一生二、二生三、三生萬物。能悟本性、非分別所得也。但能體似虛無、常得至道歸身、內修清靜、則順天從正、外合人事、可以救苦拔衰。以此修持自然清靜、傳者付度之名也。人能清靜至道自來、不求而得、不學而成。本經云天道無親、常與善人。清靜自然聖道歸身、所以言可傳聖道也。凡此一段、前獨標無爭無德後學衆生皆執偏見妄情所起失道迷源老君又徵其前意以上下有殊乃破執性。

老君曰上士無爭下士好爭

爭求靜也所言上士好爭處而求安靜本性而自靜爭者執有也上士不執有見非爲喧爭也緣下士不達本性故好爭而求靜以其執見而求之者也是名能體道合眞者不着於耳目鼻口身意之病亦不着於鹹苦辛甜之味亦不着於宮商角徵羽

之音，此之執見，皆非本性，此者下士好爭之理，諸見無心，豈有爭乎，人若無爭，爲清靜也。

上德不德，下德執德

德者貴也，有名稱也，上德者明上古之君本無名號，（吳五）亦無所稱，故言不德，本經（十四）云，上德無爲者，道德所稱也，又云有若無，實若虛，道者若執有見有名，即非上德也，本不有不無，不虛不實，應用即有，味用即無，故云知者不言，言者不知，知而不言者隱也，又知可如不知、知不知、上不知、知知病。故云知者不可言也。故云上德不德、下德執德、也、下德執德者、有名跡功業以成稱名自見、凡諸有見皆生分別。又本經云、迎之不見其首、隨之不見其後、何以分別、既有分別、即爲執德、若能除兩件之心、乃名爲自然之道、兩件者、有爲無爲之法、或立無爲爲是、破有爲爲非、或執有爲爲是、乃破無爲爲非、此是兩件之心。至道自然、亦非有爲、亦非無爲、故至道自然湛寂清靜混而

○不深，和而不同，非有非無，凡學仙之士，無○以執非，但俱無執見，則自達眞道，超越三乘，悉歸一乘，道不爲下，故執德者，不名爲道矣。

執著之者不名道德

前說執德，以爲下德，故執諸相行，流涉于有爲，不名道德也。道德者，通變無方，存亡自在，應用即見，能尊能貴，悉皆自然，非執見之人。若執見之人，豈能知之乎。此一段明衆生所以不得眞道，至常清靜矣。

衆生所以不得眞道者、爲有妄心、

妄者動也、情浮意動、心生所妄、動者思之、因妄者亂之本也。一切衆生不得眞道者、皆爲情染意動、妄有所思、思有所感、感者感其情、而妄動於意、意動其思、而妄生於心、人若妄心不生、自然清靜、又云妄動者、亡也、皆亡失其道性、故逐境而感情妄動其心、故不得眞道。

既有妄心、即驚其神、

驚者心之極畏、名曰驚也。非祇指於心驚

也驚有二說，一則內修清靜，乃忘於形，而驚其神；二則外習事業，乃勞於心，而驚其形。外既驚其形體，內誘則驚於其神。若得心神安靜，則外欲不生，欲既不生，自然清靜也。

既驚其神，即著萬物

凡人若驚其神，則外有所著於境，內則失於正性。萬物者，衆多之名也。緣道貴守一，不可著於萬物，而驚其神也。夫人得生於世，故禀地水火風四大之中和炁而生。按三才而所育、貴亦難勝、若能安然不動、內守元和、則思慮不惑自然清靜也。

既著萬物即生貪求

貪者是愛著之貌、雖名愛著、亦有二種分別之義、一者貪於世事、外求華飾、欲樂其情、則爲陰咎、不合於陽教、既屬於陰、即不能清靜、乃爲濁滯也、二者貪於進修、窮尋真教、堅求至道、此爲內貪、名爲貪、其理合於陽教、即輕清而爲正、陰即濁滯而歸邪、若能體道合真、自然清靜也。

第二十

既生貪求即是煩惱

然貪外事，漸漸斷除，貪求內事，勤勤修進，雖即內求至道，不可堅執之，亦乃生煩惱，凡言煩惱亦有二種，分別輕重，一者輕煩惱，二者重煩惱，一輕則是貪求至道執之亦生煩惱，二則是外求世法，名重煩惱，輕即合陽，是名爲清，重即合陰，是名爲濁，雖分輕重，則不可執之。執，猶著也，既貪著，即生迷惑，但以捨重棄輕，內守元和，湛然不動，故謂之懷道抱德，自然淳朴，夫長生之道全在養神若守元和不失神即居之神若居則心大安忻忻而若喜自然清靜豈有煩惱生乎。

煩惱妄想憂苦身心便遭濁辱流浪生死常沉苦海永失眞道。

身心躭著外境憂苦自生於內濁者染也辱者汚也身心染汚自歸流浪者返復也返復生死不離輪迴流浪於苦海之中苦海者憂苦之海也海者大也憂苦事不能免也非干至道不慈自爲人心造作。夫學道之士、但內守其一、外除其想。一者身也、聖人皆云存三守一、三者精炁神也、但守其身、必存於三也。故西昇經云守身不失、常存也。專守其一、不生妄想、即免於苦海沉淪、憂苦不著於身心、自然解脫、合於清靜。故聖人遺其經文、以正其義、施大法橋、開其徑路、教化未悟、令入妙門、此明人皆自失眞元、故非爲至道不遠者也。

眞常之道悟者自得得悟道者、常清靜矣

眞道者常存、非古、非今、非生非滅外包天

地，內入毫芒，法則萬物，常用於世，人能悟解，雖已自得，非爲化物也。夫太上所言，人能覺悟，悟則本性，謂之得道也。亦非至道難求，亦非易得也。本經云天道無親，常與善人。又云道本無形，莫之能名，得悟之者，唯已自知，善人常能守於清靜，即皆爲得其眞道者也。

此一章至書而録之，總爲一段，先明仙翁誦持此法，次明傳授帝君天宮洞府，悉皆秘隱，非爲常輕者也。

仙人葛玄曰吾得眞道曾誦此經萬遍

仙人姓葛諱玄字孝先。初學道之時、常誦此經、後得神仙之道、今位登左仙翁者是也。仙、翁有孫、名洪、字稚川、今之世人皆只呼抱朴子、祖代求仙皆成眞人矣。仙翁初入道之、時、居長白山、或居東嶽、自後、遍歷名山、懇懃求道、成道之後、隱跡潛形唯留經教於世、勸悟後學之徒、凡言誦經萬遍者、萬遍即萬行圓備也。又靈寶經云萬範開張者、乃明諸天梵炁、彌羅無不周遍也。

是五　十八

範者法也。萬法皆同。內外俱應。分即爲萬象之形。聚爲萬神之體。此乃爲圓滿之義也。又云萬遍道備。飛昇太空。萬神之備。萬遍既周。乃成清靜之道。非祇爲誦持經文。何必苦於形而勞其神者也。

此經是天人所習。不傳下士

天人者。極陽之仙也。天仙者。碧落飛騰。遊行自在。兩腋有毛羽。亦名羽客也。凡是天仙羽客。住於三清之上。常行於經法。亦非輕傳下士。世人若修天人之行。即謂天上人也。凡欲修學之士、何不誦習此經、曰有進修之業、若無退慢之心、是謂有進無退之士也。亦不令輕傳下士、又聖人云、經法流行於世、學人若遇、須當寶而貴之、不可輕泄、如逢賢士、有心即授、有善即傳、此蓋流通救度、要其悟解者也、可傳可授、弘在人矣。

吾昔受之於東華帝君

吾者仙翁自稱也、東華者按上清經云、東方有飄雲世界碧霞之國、翠羽城中蒼龍宮、其中宮闕並是龍鳳寶珠合就、上有五色蒼雲覆蓋其上、故號蒼龍宮也、乃是東華小童君所居之處、此明仙翁自云吾逢彼帝君、即傳受此經、且非輕傳於下士也。

東華帝君受之於金闕帝君

金闕者、西方有琅玕世界瓊瑤之國、瑠璃宮內、其中宮闕、並是琅玕寶珍瑠璃合就、故號曰瑠璃宮也。有一帝君於宮內、亦寶祕此經、又云金闕帝君者也。應其名號、或太上分形化體、名號有殊、上清經云後聖金闕玄元黄帝，老君太上是也。又尹氏玄中記曰，太上老君常居紫微宫，或號天皇大帝，或曰太一救苦天尊，或號金闕聖君，故知太上隨方設化，應號無窮，即知先聖金闕西方瓊瑶國主帝君是也。上聖帝君盡皆寶祕此經，何況後學傳受修持諷誦，豈不欽崇而行之者乎。

金闕帝君受之於西王母

王母者諸天神王帝主之母，居於崑崙，按天地論曰王母居崑崙西側黄河出水之

夫王母者是天地之母又云天公地母主統衆眞總攝三界天上天下是王母爲至尊之母也昔於金闕帝君受得此經其帝君受此經於西王母之時亦非輕傳於下士也

西王母皆口口相傳不記文字吾今於世書而錄之

口口相傳者古聖人傳受經法皆以內藏心腹秘受經文流通行化敎導人天並不記文字即不以今世所見也自仙翁後来

故書此經，傳於下世，普遍流行，即要拔度後學之徒者也。前明先聖傳受，次明後學尊卑，若能悟解真道，則隨功而獲果矣。

上士悟之昇爲天官

上士者，外鍊形質，內養精神，外和其光，而同其塵，內修功而保其元也。元者元炁也，元炁是神之母，人能常存於元炁，下保於丹田，上固於泥丸，中守於絳宮，如此愛重，保於三元，是謂內養於神。神者炁之子，形者神之舍，神是身之主，身無主則不安，形無神而不立上達之士常服日精保於下丹田飲於月華保於腦戶腦戶者泥丸上丹田也屬陽故使太陰精炁保之下丹田腎宮氣海屬陰故使太陽精炁保之又易曰一陰一陽之謂道也且能待日月二景扶身形而行之必昇爲天官也是五雲五炁者是五行之正炁也凡上道之人五臟既眞五臟炁自生五行眞炁化成五雲扶其形質上游三界三界者欲界色界無色界也下游十方十方者四維上下是也三

界十方俱無滯礙然後昇入上清得位爲
天官之號也。
中士悟之南宮列仙
金者肺也玉者骨也凡學道之士先須錬
骨謂之寶玉錬肺保津謂之炁金石者腎
也丹者心也安心息炁保於腎臟乃得延
年非爲世間金石寶玉也此之金石能保
其命又圖南子云外寶如何內寶存此之
謂也。若能內保於性命然上參於上清聖
文聖文者皆上清祕寶之書下達玄微者

下元晴也。又上清經云。南方有丹靈天。內有蕋珠宮內有一眞君號曰靈天君。又云朱陽宮或云朱陵宮。其天中內有炎炎火鍊池。池有七寶宮殿。亦號曰紫陽宮。若有下達之士學道成功者。乃同司命眞君錄其姓名。奏上南宮。得爲仙官之號也。

下士得之在世長年

下士者。未不能絕利一源。皆求資身益命之道。或服靈藥。或餌丹砂。或休名棄位。或淡靜安神。或依倚林泉。或藏跡於朝市。內修至道外合五常，或隱或見，體道合真，如斯不退，尚保延年，何況高士英賢隱於巖谷學神仙，餐藥而得白日昇天，何故後人不能專至，即今西嶽華山，山居隱士丁廖二人，在世延年，註名以入仙位，況後人不能相効，故舉此數喻，乃明至道無偏，求者必達，故本經云，天道無親，常與善人也。又參同歸一。

游行三界昇入金門

靈寶經云三十二天，三十二帝，第六名上

明七曜摩夷天帝名恬憺延此是欲界也雖有此說凡學道但去其欲即名眞人又色界在二十四重天無極曇誓天爲色界其帝君號名飄弩穹隆又太素秀樂禁上天爲無色界帝君名龍羅覺長此名三界乃指天地而言此爲外約大綱之說也若喻人身而言之三界即三丹田也下丹田爲欲界中丹田爲色界上丹田爲無色界人若保守於三丹田則精氣神存上中下三丹田之境眞人游於三界也若得三丹

田神俱足則自然昇天矣故經云形神俱
妙與道合眞此之謂也上清經云大羅天
在三十二天之上又靈寶經云三界之上
渺渺大羅大羅之境唯有三清宮闕莫不
上聖高尊游於其上又云有五億五萬五
千五百五十（是五）重天此不具載又（二十三）唐賢樂朋
龜云原夫八十一天比太上之半壽此者
大約而言也學道人若先修內行保固守
於三元神三元神俱備自得昇天游於三
清之境出入金闕之前朝拜太上得爲眞

人、故曰昇入金門也。前仙翁書錄、乃標至學尊卑、此明真人所說、導引羣生、普令誦持真經、得善神擁護其身、漸入仙真之階。

左玄真人曰、

左者陽也、玄者一也、道君號得一真人、乃立其左右陰陽一是也、故言左玄真人、左玄真人者號法解、爲此真人大慈仁者、多請問因緣、下游五濁、救拔一切、復歸三境、侍從尊慈太上、保之稱其名號、學仙之士、但能存一守於陰陽二炁、則爲真人、何爲守一，一者道之本性，一爲大也，又云身也，故引西昇經云，愛人不如愛身，愛身不如愛神，愛神不如舍神，舍神不如守身，守身長久長存也，學人未悟玄微，但且護形，愛炁輕物、賤名、思慮不惑，則血氣和平，如此即其一可存也。陰陽二炁，即坎離之用也，故謂爲眞人之身，然後朝於太上，皆得爲道之臣也，上則參於三境，下則游於十方，開導衆生，教化未悟，引接群生，普令得其道，此即爲眞人之所作也。

學道之士持誦此經

持誦者，依本曰讀，離本曰誦，學道之士，若能心正道念不退，依法奉修，如對太上，行住坐立常持專一，是謂誦持者也。

即得十天善神擁護其人

此明學士心常念道，持誦眞經，即得善神擁護。十天者，八方上下是也。因緣經云，每月十直齋，各有善神直日，亦為善神也。且人有三業六根，身形之業，故有十惡，十惡者，淫殺盜嫉妬恚惡口兩舌妄言綺語，此爲十惡十善者，身不妄行，心不妄動，意不妄思性，不妄亂，耳不妄聽邪聲，口不妄言綺語，目不妄視邪色，鼻不妄受邪穢，舌不妄貪邪味，識不妄受於驚怖，即名十善。十善既生，十惡自滅，乃得眞聖相護，十行既周，自然清靜，既生清靜，則無煩惱，煩惱既無，乃成眞道。

然後玉符寶神金液鍊形，形神俱妙，與道合眞

玉符者，玉皇之符也，令人學道，功圓行滿，

昇入仙階者，先得玉皇符命，然後昇仙也。
玉符於身而論之，可明中元之事。中元者
心也。學人之心，若能安靜自然，無染於塵
垢，清靜而保固形神。若上等之人，悟鍊金
液之道，以固形質。中士未悟，身外求藥，合
和修鍊，以行性命。若論出入之道，亦先固
形體，然後養於神識，而形體固。形瘦力倦，
神者為彼之主，主安則外固。假如世之屋
宅，無人則不能全矣。內外之事，如此也。故
引西昇經之言：我身乃神之車，神之舍，神

之主、主人安靜、神即居之、躁動神即去之、又云神生形、形成神、形不得神不能自生、神不得形不能自成、形神合同、更相生、更相成、此事表裏相應之道。又云神常愛人、人不愛神、神常愛人者、願其人生、人不愛神者、爲心所擾也。心亦神也。其神名曰靈童、能惡能善、能昧能明、能喜能怒、能正能邪、使意馬、如風驅、心猿如箭疾、巧生千種、機出萬端、皆在此神。又內觀經云心者神也、非青、非白、非赤、非黃、非大、非小、非短、非長非曲、非直、非柔、非剛、非厚、非薄、非圓、非方、變化莫測、混合陰陽、大包天地、細入毫芒、制之則止、放之則狂、清靜則生、濁躁則亡、人能清靜、內修至道、制伏其心、心既安靜、其神則生、神生則形固、形固成神、神藉形而成、形藉神而生、形神相藉、安靜修功、形固神全。故云形神俱妙、內外相應、自然與道合眞也。前明誦持威力、修鍊成眞、此明眞經道德貴重、世人悟解玄微、即得身超三界也。

正一眞人曰

正者眞也，一者大也，亦爲心也，心者南方太陽之象，元處北方，因何太陽處於北方爲坎，離中有一畫，故爲一陽，是謂心也。一是陰中陽位，二是陽中陰位，此是五行返

是五

復之理，陰陽變化之用，是謂正一也。正一眞人者，漢天師也，姓張諱道陵也。今爲三天大法師，位任正一眞人，又爲三清度師。其眞人今居聖眞之位，亦曾鍊五行，修功爲國，扶衰救苦，除害興物，利濟庶民，功圓

行滿、超凡成聖、位居高上正一眞人、人若能修鍊其心、自然關府通泰神和氣暢、皆由正一之事、今有天師所行正一斬邪三五飛步之道銅符鐵券金丹寶經秘訣靈章二十四階品籙此不一一載也。

人家有此經悟解之者、災障不干、衆聖護門。

家者身也、經者心也。外學喻則家宅也、眞人曰家有此經、若能悟解玄微清靜身心、修行念道持誦不退、即得衆聖神人護衛其門、既得神人護門則災障不干於家庭、邪魔無犯於住止，皆因主人清靜，故得神明護門。內舉此喻，則家猶身也，心則經也。人能清靜，行其至道，於心則謂之有此經也。悟者覺也，達者解也，通者了也，覺了則謂心有經也。無經則未悟解，故有災障煩惱所生。若心了達，則無煩惱，煩惱既無，自然清靜，災障不生，故不干也。衆聖護門者，人身中有三萬六千神，左三魂，右七魄，身有一萬二千形影，體有二萬四千精光，五臟六腑二十四神，耳眼口鼻皆有也。一一各有宮闕，所居，人若清靜，衆神歸身，各居宮闕，故云衆聖護門，又三萬六千神各居瓊宮，即知煙蘿先生語不虛也。

神昇上界朝拜高尊

神者心也，道典云聰明正直謂之神，陰陽不測謂之聖，故云心靈則道降，道降則神靈，神靈則聖也。神明既聖，即可昇也，昇者登也，昇登於上界，上界者則三界之上三清之境，大羅天也。人能保精、養炁、愛神，調和於元炁，填補於腦，烹鍊神水，變化精神，

○神炁若全，即得上昇三界，朝禮太上高尊。○凡學仙之士，所說朝元即有二種，一論天地，二論人身，即明三丹田，且三界朝元者即上中下，是三元也，上元者上應玉清始炁所化，號天寶君，理玉清聖境清微天，總一十二部聖行之經，為洞真教主，下於人身中為上丹田，腦宮亦號泥丸宮帝君，以主於炁。中元者上應上清元炁所化，號靈寶君，理上清境禹餘天，總一十二部真行之經，為洞玄教主，下於人身中為中丹田，心府絳宮，帝君主於神，下元者，上應太清玄炁所化，號神寶君，理太清仙境，大赤天總一十二部仙行之經，爲洞神教主。下於人身中爲下丹田，炁海腎宮，帝君主於命，此三元、三宮、三寶者，天地得之以成，失之以傾，人身得之以生，失之以死。故黃庭經云，一身精神慎勿失，故要保愛也。又云，仙人道士非有神，積精累炁以成眞。凡學道之人，若能運用精華，存想神炁，朝拜三元，修功不退，久而行之，自得眞道。故聖人云，心爲使炁神若知行炁主使是得仙人此明存想之道皆以心而使之也。

功滿德就相感帝君誦持不退身騰紫雲

此明修道得果也。功滿八百行滿三千功行者乃是修鍊之功行也。學人若能行胎息之道者日行八百即可以昇天。功行感應自然昇舉也。古德云功圓行滿昇爲金闕之臣獨步玉京之上道也。學人若能専守三宮朝拜眞元百節關府自然通泰萬神和暢相感帝君者既存守三元三元各

有帝君也。誦持不退，則心念正道，謂誦持
也。身騰紫雲者，內觀之道，乃有正說，人有
五臟，屬於五行，人若修鍊五行真炁，傳於
五臟，故為實腹，五臟真炁既成，自然尸解，
出有入無，變化自在，存亡恍惚，此為得道
是五　二十九
之中也。紫雲者，五行真炁結成紫雲，乃是
上天之誥命之炁，故凡得道之人，皆乘紫
雲而去，上昇三境，朝拜太上高尊，以表得
道人證於尊貴之貌也。

太上老君說常清靜經註

第三十六

國家圖書館出版品預行編目資料

太上老君清靜經圖註 / 葛玄筆錄. -- 1 版. -- 新北市：華夏出版有限公司, 2023.01
面； 公分. --（Sunny 文庫；278）
ISBN 978-626-7134-67-2（平裝）
1.CST：洞神部

231.4 111017551

Sunny 文庫 278
太上老君清靜經圖註

筆 錄 葛玄
印 刷 百通科技股份有限公司
電話：02-86926066 傳真：02-86926016
出 版 華夏出版有限公司
220 新北市板橋區縣民大道 3 段 93 巷 30 弄 25 號 1 樓
電話：02-32343788 傳真：02-22234544
E-mail： pftwsdom@ms7.hinet.net
總 經 銷 貿騰發賣股份有限公司
新北市 235 中和區立德街 136 號 6 樓
電話：02-82275988 傳真：02-82275989
網址：www.namode.com
版 次 2023 年 1 月 1 版
特 價 新台幣 320 元（缺頁或破損的書，請寄回更換）

ISBN： 978-626-7134-67-2